行業研究方法與案列

行業研究是指通過研究某一行業的發展動態、供求狀況、規模結構、競爭格局以及綜合經濟訊息等，為企業自身發展或行業投資者等相關客戶提供重要的決策依據。希望本書能夠幫助讀者更清晰地了解行業研究方法，並能成為行業工作者、初入行業研究領域研究者的研究參考用書。

潘曦 著

序 言

　　行業研究是通過深入研究某一行業發展動態、規模結構、競爭格局以及綜合經濟信息等，為企業自身發展或行業投資者等相關客戶提供重要的參考依據。行業與企業之間的關係是面和點的關係，行業的規模和發展趨勢決定了企業的成長空間，企業的發展必須遵循行業的經營特徵和規律。因此，不管是對企業發展制定戰略對策，還是為投資者選取合適的、具有投資價值的企業，都需要對企業所處的行業展開研究。

　　根據研究報告使用對象的不同，國內行業研究大致分為三類：投資類行業研究、諮詢類行業研究、學術類行業研究。三類研究報告大體遵循一致的流程與分析方法，只是在研究思路、研究目的、研究框架上存在差別。因此，本書主要介紹通行的行業研究內容以及研究工具與方法，再針對不同類型的研究報告給出針對性的、可參考的分析框架。

　　為使讀者對行業研究有所瞭解，本書第一部分對行業研究的內容進行基本介紹，同時補充行業研究流程、行業研究能力要求。第二部分對行業研究內容、分析方法與工具進行細緻闡述，並在實踐操作方面提供信息與建議。第三部分是對行業研

究案例進行分析，筆者根據行業研究的基本範式製作了《中國乳業發展現狀與前景》的研究報告，可將其作為參考資料。第四部分主要是對行業研究需要注意的一些事項進行補充，主要分為兩部分：一是指出行業研究從研究思路、研究目的、計劃擬訂到撰寫等方面應當注意的問題，二是提出閱讀研究報告(特別是券商報告)的方法和建議。

各個行業類別不同，特徵明顯，本書是對所有行業應遵循的研究方法進行一般性的介紹，因此難免會缺乏針對性與適用性。因此在本書的第二部分行業研究實踐操作環節，筆者盡量補充不同行業的示例，並且提示注意不同行業的行業特徵。

筆者希望本書能夠幫助讀者更清晰地瞭解行業研究及方法，並能夠成為行業工作者、初入行業研究領域的研究者進行行業研究時的參考；同時也希望廣大讀者能在使用過程中提出寶貴的意見和建議。

潘　曦

目 錄

1 行業研究概述 …………………………………… (1)

    1.1 行業研究定義 ………………………………… (1)

    1.2 幾類行業研究報告 …………………………… (2)

    1.3 行業研究基本思路 …………………………… (4)

    1.4 行業研究流程 ………………………………… (12)

    1.5 行業研究能力要求 …………………………… (14)

2 行業研究實踐操作 ……………………………… (17)

    2.1 行業研究內容 ………………………………… (17)

    2.2 行業研究方法與工具 ………………………… (62)

    2.3 行業研究框架 ………………………………… (75)

3 行業研究案例——中國乳業發展現狀與前景 …(86)

3.1 行業現狀 …(87)
3.2 行業週期性與生命週期判斷 …(92)
3.3 產業鏈與價值鏈 …(96)
3.4 行業供需分析 …(100)
3.5 行業競爭分析 …(110)
3.6 政策變動與技術突破 …(122)
3.7 驅動行業發展的關鍵因素 …(125)
3.8 重要企業分析 …(128)
3.9 發展趨勢 …(143)

4 行業研究注意事項 …(148)

4.1 行業研究注意問題 …(148)
4.2 閱讀研究報告，提升分析能力 …(150)

參考文獻 …(152)

1 行業研究概述

1.1 行業研究定義

在明確什麼是行業研究之前，有必要先梳理清楚行業的概念。

行業是指根據生產同類產品或具有相同工藝過程而劃分的經濟活動類別，是具有同類屬性的企業集合，如餐飲行業、紡織行業、電子製造行業、金融行業、移動互聯網行業等。

根據行業產品特性、技術投入特性等可以將行業分為不同的類別。例如，餐飲行業、金融行業可歸入第三產業或服務業；航空航天器製造業、醫療設備製造業可歸入高技術產業。根據產品或業務範圍的區別又可以將行業進行細分。例如，餐飲業可以細分為快餐連鎖業、正餐業等。

行業研究是指通過研究某一行業的發展動態、供求狀況、規模結構、競爭格局以及綜合經濟信息等，為企業自身發展或行業投資者等相關客戶提供重要的決策依據，研究以行業為主線，整合行業、市場、企業、用戶等多方面資源及信息，幫助客戶準確把握行業發展趨勢。

從行業的基本概念可以看出，行業研究需要立足於各個細分的子行業及企業層面，通過研究組成行業基本單元的企業，提煉企業具備的共同屬性，同時通過企業的財務表現、商業模

式、市場行為等的變動預測行業未來動態。另外，在行業本身發展之外，還需要關注本行業與宏觀經濟的關聯性及發展邏輯，注重從大處著眼，因為每個行業都是國民經濟（宏觀經濟）的一個鏈條，通過確定所研究行業在國民經濟結構中的位置和地位，更容易瞭解並掌握宏觀經濟變動對所研究行業造成的影響。因此，除了從行業層面進行研究以外，還需要深入瞭解企業以及國民經濟對行業的影響，這樣才能真正做好行業研究。

此外，還要注意行業研究與市場研究二者之間的細微區別：行業研究注重對賣方的分析，即對競爭對手的分析，可以理解為以行業分化的具體名錄，更偏向於中觀研究；市場研究著重對買方的分析，即對顧客的分析，可以理解為以地域為範疇的消費體，更偏向於微觀研究。

1.2　幾類行業研究報告

根據研究目的不同，國內的行業研究大致分為三類：投資類行業研究、諮詢類行業研究、學術類行業研究。行業研究分類如圖1-1所示。

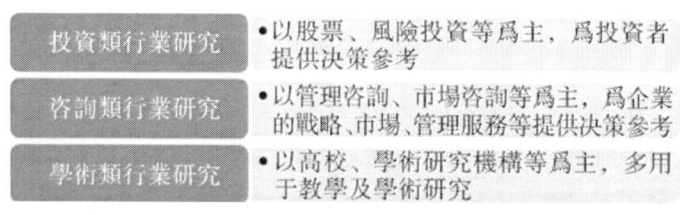

圖1-1　行業研究分類

投資類行業研究報告需要瞭解行業的發展週期以及目前所處的成長階段，分析影響行業發展的關鍵因素，判斷和預測行業未來的發展趨勢，發現行業發展的價值，揭示行業發展的風

險，進而提供投資決策依據，重點關注投資介入的時機及切入點。

投資類行業研究報告的撰寫者通常是證券分析師，根據機構的不同，證券分析師分為買方分析師、賣方分析師，投資類行業研究的主體如表1-1所示。除證券分析師以外，第三方分析師也要撰寫投資類行業研究報告，但影響力較弱，此處不予討論。買方分析師受雇於共同基金、養老基金以及保險公司等投資機構，為該機構的投資組合提供分析報告，機構以分析報告的結論為參考依據投資證券以獲得資金增值回報；而賣方分析師則受雇於投資銀行（或證券公司），通常向投資者免費提供分析報告，並對投資者提供股票承銷（如首次公開募股等）業務和經紀業務以獲得佣金收入。

表1-1　　　　　　　　投資類行業研究主體

	賣方分析師	買方分析師
雇主	證券公司或投資銀行	投資機構（基金、保險等）、資產管理公司、大型企業的投資部門等
工作內容	邏輯的甄別，以審視的視角發掘可靠的投資價值	邏輯的呈現，以邏輯的路徑展示企業價值和成長
目標	以研究報告的形式給投資者提供投資決策，幫助證券公司獲取經紀佣金或推銷股票	尋找收益率高的個股或行業，推薦給基金經理，給基金公司帶來投資收益
關鍵詞	服務者	自負盈虧
盈利模式	賺取佣金	賺取投資收益

諮詢類行業研究報告主要是幫助客戶準確把握所關注行業的發展趨勢，為企業的發展戰略和資源整合提供依據，通過對行業的把握以及對相關標杆企業的分析，明確客戶企業的戰略定位和資源配置方式，從而提升企業的管理水平，改善企業的

經營狀況。

學術類行業研究報告關注行業運行現狀和發展規律，探究行業組織結構特性以及發展中存在的問題，從企業對策、行業協會服務、政府扶持、金融支持等多種角度為行業發展提供建議。

從某種意義上講，投資類行業研究報告的實用價值比另外兩類大，報告數量也比另外兩類多，本書著重介紹投資類行業研究報告。

1.3 行業研究基本思路

行業研究探究未來發展趨勢，通俗地講，就是去瞭解該行業在未來是否盈利。要達到這個目的，需要梳理該行業的歷史表現、運行現狀，挖掘該行業盈利的關鍵因素，判斷外部環境（包括政策、技術、消費習慣等）的變化及其對行業發展的影響，綜合得出研究結論，從而為企業發展提供指導並為投資者決策提供依據。因此，行業報告大致可以從行業歷史、行業現狀、行業趨勢及重點企業分析四個版塊入手進行編製，如圖1-2所示。

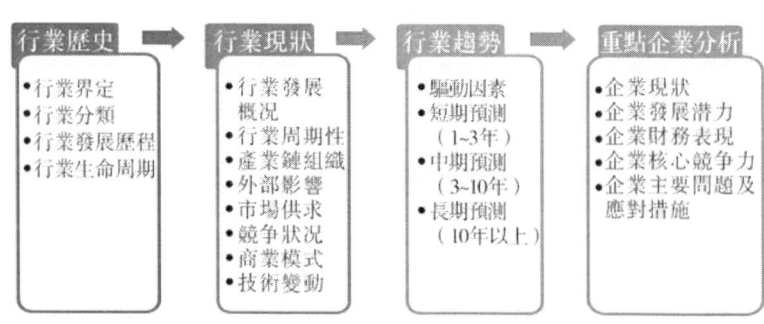

圖1-2 行業研究思路

行業歷史主要是弄清楚行業界定、行業分類、行業發展歷程、行業生命週期。

行業現狀包括行業發展概況、行業週期性、產業鏈組織、外部影響、市場供需、競爭狀況、商業模式、技術變動、關鍵因素以及政策、技術、消費習慣等在內的外部因素的變動情況。

行業趨勢，即結合外部因素對行業市場供求情況、競爭狀況、發展關鍵因素的影響，對其發展趨勢分別做短期、中期、長期的預測。

重點企業分析主要是比較行業內成功企業的業績表現，分別研究其核心競爭力，判斷該企業的未來走勢以及其對行業格局與發展趨勢的影響。

1.3.1 行業歷史

行業歷史研究是為了探究該行業的產生、發展、演變的過程，通過對行業歷史的把握可以更好地認識行業發展現狀並判斷未來趨勢。

1.3.1.1 行業界定

行業研究的對象，即行業。必須對所研究行業的邊界做清晰界定，明確其經營的產品或業務並進行高度概括，使其一目了然。

1.3.1.2 行業分類

行業研究可採用不同的行業分類標準對行業進行分類，而選擇哪個分類標準以及分類可以細分到什麼程度，通常根據研究目的與用途進行決定。

例如，我們要研究傳媒行業，可以根據細分類別的不同將其分為廣告、出版、影視、互聯網新媒體等，但是如果我們研究的重點是新媒體領域，就可以對分類進行簡化，即把傳統媒體類歸為一類，而把重點放在個人電腦（PC）端媒體、移動互

聯網等方面。

研究之初，具體的行業分類難於把握，但是隨著研究的深入，會逐步形成行業分類樹圖。

1.3.1.3 發展歷程

行業發展歷程包括行業發展的階段以及行業供需變化。對行業的產生以及行業發展演變的清楚認識能夠對行業的進一步研究起到決定性的作用。在行業的歷史演變研究中，我們需要從全球視角去看一些行業。例如，有些行業在國外發展比較成熟，在國內的發展則剛剛起步，我們需要將該行業的國外發展狀況與國內發展狀況做對比分析，研究其演變軌跡。針對行業歷史演變，研究者前期可以通過二手現成資料或行業前輩的講述進行概括性瞭解，更加詳細的內容可以通過后續的研究持續深入。

1.3.1.4 行業週期

行業週期是對行業歷史研究的總結性判斷，行業週期一般可以分為經濟週期與生命週期兩類。

行業週期主要是研究行業受宏觀經濟波動的影響程度，一般可分為以下三類：

增長型行業。行業運行狀態與宏觀經濟的週期性波動並不密切相關，其增長主要依靠技術進步、新產品推出與更加優質的服務，從而使該行業呈現出持續的增長態勢，如互聯網行業、智能手機行業至今保持著穩定的增長態勢。

週期性行業。週期性行業與宏觀經濟波動呈密切的正相關關係，當經濟復甦時，這些行業相關產品的需求相應增加；當經濟衰退時，這些行業相關產品的需求也顯著下滑，還伴隨著價格下降及產品滯銷。週期性行業的波動程度通常超過行業平均波動程度，電力、煤炭、石油、鋼材、水泥等行業都屬於週期性行業。

防禦型行業。這類行業通常在經濟衰退時需求仍然比較穩定，一般為必需品行業，食品、公用事業、醫藥、日常消費品等行業都屬於防禦型行業。

生命週期是指行業從產生到完全退出社會經濟活動所經歷的時間。行業的生命發展週期主要包括四個發展階段：初創期、成長期、成熟期、衰退期。

初創期。該時期的產品設計尚未成熟，技術也不穩定，市場需求剛被開發，行業利潤率也較低，但是市場需求增長較快，市場增長率較高。總體來看，初創期市場風險大、投資規模小。

成長期。該時期市場需求高速增長，增長率很高，技術也漸趨穩定，行業特點、行業競爭狀況以及用戶特點較為明朗，企業進入壁壘提高、產品品種及競爭者數量逐步增多。

成熟期。該時期市場需求增速放緩，增長率下降甚至為零，技術上已經成熟並形成標準化生產，行業特點、行業競爭狀況以及用戶特點非常清楚和穩定，競爭對手數量下降，買方市場形成。該時期行業盈利能力下降，新產品和產品的新用途開發更為困難，行業進入壁壘很高。

衰退期。該時期市場需求進一步降低，行業出現產能過剩現象，市場增長率嚴重下降甚至為負，產品品種及競爭者數目進一步減少。

1.3.2 行業現狀

行業現狀主要包括行業概況、外部政策、供需分析、競爭狀況、技術發展、商業模式、資本市場、關鍵因素等方面。

1.3.2.1 行業概況

對行業概況的總體性把握通常從以下三部分內容入手：一是行業發展現狀，二是產業鏈分析，三是價值鏈分析。

行業發展現狀。首先，對該行業產值、銷售收入等總體規

模、近期增長表現以及行業重要企業情況做描述；其次，描述國內外該行業的發展階段、發展水平，並對國內外該行業的發展做一個基本的對比分析。

產業鏈分析。產業鏈是指對行業內的產品由原材料獲取、生產加工、運輸、銷售等活動過程至最終達到消費者手中的每個環節的描述，通常分為上游、中遊、下游三個部分。產業鏈分析是研究該產業上游、中遊以及下游的環節構成，這些環節是如何分工與合作來完成由原材料到消費者手中的經濟活動。

價值鏈分析。價值鏈是指行業內的產品由原材料、生產加工、運輸、銷售到最終消費者的每個環節所產生的價值增加值，即弄清楚每個環節占整個產業鏈條的盈利水平。

1.3.2.2 外部政策

在中國，行業發展受到政府產業發展政策及行業監管制度的影響較大，因此應當梳理清楚當前階段對該行業有影響的政策以及影響程度。

首先，應該明確該行業的主管部門、對該行業最具有監管力度的部門以及該監管部門在國家及國民經濟中起到的作用。

其次，要瞭解影響該行業發展的主要政策、規範、標準，並區分這些政策、規範、標準對行業的利弊以及它們的影響程度、時間長遠性等。同時，也要綜合考慮政策監管要求、行業發展需求以及相關因素的影響，判斷該行業政策、規範、標準在未來的取向。例如，經濟高速增長帶來的環境破壞以及民眾對環境重視程度的提升，一定會引起與環保相關的監管政策逐步明確並得到嚴厲實施。

1.3.2.3 供需分析

行業需求分析與供給分析是行業現狀研究的核心內容，需求端研究主要是分析客戶的需求點、市場容量以及未來需求量變化；供給端研究主要分析市場上的供給量與需求量是否匹配，

供需狀況的直接反應就是看該行業產品的價格走勢。

在對市場容量進行探究時，要從界定區域市場、容量大小和增長速度三個方面入手。首先，對所研究行業的市場區域進行範圍限定，如全球市場、國內市場、區域市場等。其次，要明確市場容量大小。最后，估算增長速度，增長速度決定了行業內企業的平均增速，其增速的快慢是投資該行業及行業內企業的一個重要指標。

對市場容量及市場需求進行研究時，必須從市場細分的角度進行。例如，乳製品行業市場容量近幾年增速放緩，但是如果區分其中的產品細類，會發現低溫液態奶與常溫液態奶、液態奶及嬰幼兒乳粉之間存在一定的增速差異，並且在不同的細分領域，龍頭企業市場勢力差別顯著，因此對行業進行市場需求分析時必須注意市場細分的角度。

考察供需是否均衡的一個重要指標就是看產品的價格走勢。排除成本等外部因素的影響，在一段時期內，如果產品需求大於供給，價格會逐步提高；而當供給大於需求，產品價格則會逐步走低。

1.3.2.4 競爭狀況

行業競爭狀況主要考察行業整體競爭格局、行業盈利水平、主要競爭者三個方面。

從市場結構來劃分，市場競爭格局有完全壟斷、寡頭壟斷、壟斷競爭和完全競爭四個類型。我們可以通過行業集中度指標來進行初步判斷，同時根據進入壁壘、產品差異化程度、企業數量、企業規模、市場價格等多個因素進行綜合判斷。另外，我們也可以選用波特五力模型作為研究行業競爭情況的工具。

通過觀察行業的盈利及變化情況能瞭解該行業的競爭狀況，在外部其他影響因素變化不大的情況下，其毛利率的高低及走勢可以反應該行業競爭狀況的變化。

主要競爭者的研究，即研究該行業內的有代表性的競爭者，深入研究這些競爭者的經營模式、核心競爭力、優劣勢等，通過對行業內主要競爭者的研究，可以大致瞭解該行業的具體競爭情況以及未來競爭演變的趨勢。

1.3.2.5　技術發展

技術的發展與進步會推動行業進一步發展，也會帶來該行業的顛覆性改變。因此，必須深入探究該行業技術現狀及未來可能的發展方向，判斷技術進步會對該行業及行業內的企業帶來怎樣的影響。

具體而言，技術發展研究分為兩個方面：一方面需要探究並比較國內外該行業技術的發展，另一方面則是對技術發展影響做判斷。

研究國內外該行業技術的發展現狀、發展動態、研究行業技術發展路徑與方向。例如，從太陽能產業技術發展趨勢來看，該技術目前還沒有完全定型，根據光伏與光熱兩個技術路徑的研發快慢、經濟成本等綜合比較，可以判定其是否為未來技術主流。

判斷該技術發展對行業的影響是漸進性影響還是顛覆性影響，需要重點關注對行業有顛覆性影響的前沿技術。例如，互聯網技術對很多傳統行業發生的影響。

1.3.2.6　商業模式

不同行業之間，甚至同一行業不同企業之間也可能採用不同的商業模式。通過對行業商業模式的梳理能更好地把握該行業內企業的經營方式，瞭解其與上下游之間的分工合作，瞭解其合作夥伴網路，瞭解其成本結構與收入分配，瞭解其與客戶的關係，等等。通過對行業商業模式的研究，總結出行業發展模式類型以及代表性企業，觀察行業未來商業模式發展與創新方向，並判斷其對行業發展的影響。

1.3.2.7 資本市場

對於投資類行業研究，瞭解行業整體及行業內企業的資本市場表現尤其重要。行業內上市公司信息相對公開，如招股書說明、年度報告、券商研究報告等，通過對上市公司近年業績表現、發展軌跡等的概覽，能更好地理解該行業以及該行業的企業經營現狀。

1.3.2.8 關鍵因素

梳理該行業的關鍵成功因素，即分析影響行業發展的核心關鍵因素、行業內龍頭企業核心競爭力以及推動企業高速發展的原因。

常見的關鍵因素包括技術相關因素、製造相關因素、分銷相關因素、市場相關因素、技能相關因素以及其他關鍵因素。其他關鍵因素主要有公司形象或聲譽、公司地理位置、公司職員服務態度等。

1.3.3 行業趨勢

1.3.3.1 分析行業環境變化

行業環境發生變化一般是因為一些重要力量在推動行業參與者（如競爭者、供應商、客戶）改變行為，這些重要力量構成了行業變革的驅動因素。

一般來講，行業變革的驅動因素主要有行業長期增長率的變化、產品使用方式的變化、產品革新、技術創新、營銷革新、大廠商的進入或退出、技術秘密的轉移擴散、行業日益全球化、成本和效率的變化、購買者偏好的變化、社會關注焦點的轉移、生活態度和生活方式的變化等。

1.3.3.2 短期、中期、長期趨勢

通過對引起行業變革的驅動因素進行分析，區分驅動因素

產生的作用是短期趨勢（1~3年）、中期趨勢（3~10年）還是長期趨勢（10年以上）。

1.4　行業研究流程

行業研究大致可分為以下六個步驟。

1.4.1　第一步：圈定行業和明確目標

圈定行業，即研究對象必須明確。例如，在分析旅遊業的未來發展時，要考慮旅行社、景區維護、設施及價格嗎？要考慮旅遊紀念品、旅遊住宿嗎？要考慮龍頭公司對行業的影響嗎？

旅遊業是一個綜合門類，旅遊業的定義是憑藉旅遊資源和設施，專門或者主要從事招徠、接待遊客，為其提供交通、遊覽、住宿、餐飲、購物、文娛六個環節服務的綜合性行業。旅遊業務要由三部分構成：旅遊業、交通客運業和以酒店為代表的住宿業。它們是旅遊業的三大支柱。

同樣，如果要研究餐飲業，那麼需要知道餐飲業包括的內容。在編寫連鎖快餐企業的研究報告時，需要對其他正餐經營企業進行介紹，否則研究報告就不完整。因此，對於行業的定義以及業務範圍必須要有清楚的認識，在此基礎上，才可以開始后續研究。

1.4.2　第二步：設計研究方案

根據行業研究目的、研究報告使用者的不同，擬定合理的研究思路，設計切實可行的研究方案與計劃。行業研究按目的不同通常分為諮詢類、投資類、學術（或政策目的）類報告，有各自遵循的研究框架，實際編寫過程時可以在參考框架的基

礎上做針對性調整。

1.4.3 第三步：收集資料和分類整理

研究是指對所收集的材料進行邏輯的分析、判斷、比較，因此數據及資料是非常重要的一環，其準確性及全面性決定了研究報告的可靠度，從某種程度上說，誰掌握了更多有價值的資料，誰就更有可能做出有價值的研究報告。

數據資料分為一手資料和二手資料。一手資料是指通過調查等方式獲取的原始資料，需要花費較長時間和較高成本；二手資料主要是指通過網路、期刊、各種報告等公開渠道獲取的資料，大多是經過加工的信息，帶有別人的觀點並可能存在報告之間的數據不一致、錯誤信息等，二手資料獲取相對較容易，但是需要花費時間去甄別，找到質量較高的信息。目前國內研究人員大多通過網路收集二手資料並進行整合處理，其研究內容在質量、深度上往往不夠，只有充分結合二手資料和一手資料才能做出一篇好的研究報告來。

在資料收集與分類整理的過程中，要從一開始就明確收集資料的目的和範圍，學會對資料進行甄選鑑別，並掌握適當的分類整理方法。

1.4.4 第四步：研究分析和撰寫報告

第一，應該通篇瞭解收集整理后的所有信息資料，對這個行業有初步的認識；第二，構思研究框架，確定研究路線；第三，對框架專題進行研究分析，在研究過程中，可根據具體情況調整框架；第四，撰寫研究報告，總結出主要觀點與依據；第五，通讀研究報告，並修改完善。

1.4.5 第五步：多方諮詢和商討論證

研究報告的完成並不意味著研究過程的完成，還應諮詢業

內專家，與行業企業家進行商討交流，以確認研究結論與觀點的可靠性，經過多方推敲論證，對報告內容進行適度修改，最終使得研究成果具有更高質量。

1.4.6 持續跟蹤和結論更新

認識和研究一個行業不是一朝一夕的事，需要長時間地保持對該行業的跟蹤觀察，才能真正理解該行業所發生的事件及動向。因此，前面的步驟只是行業研究的第一步，后續需要持續不斷的關注，並且要及時修正以呈現行業的最新面貌。

1.5 行業研究能力要求

1.5.1 知識結構

要對一個行業或公司進行研究，需要具備以下的知識結構（見表 1-2）。

表 1-2　　　　　　　　行業分析所需知識結構

知識大類	具體分類
英語	
經濟學	微觀經濟學、宏觀經濟學、產業經濟學
管理學	管理學、公司戰略、企業營銷、公司治理
金融與財務	宏觀金融（貨幣金融學）、微觀金融（公司理財）、評估理論、投資分析與組合管理、行為金融學
會計學	基礎會計、中級會計、財務報表分析
法律與法規	公司法、證券法、行業管理、知識產權、進出口貿易、融資管理

表1-2(續)

知識大類	具體分類
心理學	組織行為學、行為決策學
計算機應用	EXCEL辦公軟件以及其他
數學	

1.5.2 能力要求

1.5.2.1 資料收集能力

掌握資料收集技巧和方法能縮短資料收集的時間，同時提高搜索針對性。採用百度等搜索引擎搜索資料，選擇適當的關鍵詞以及相關文件類型可縮小搜索範圍並提高搜索準確度。在收集的過程中需要對這些資料做真偽判斷。例如，中國智能手機行業每年的出貨量在各個網站或諮詢機構的數據都存在不一致的情況，我們可以通過查詢其出處、比對多份資料進行辨別，慢慢地建立可信賴的數據渠道，從而使后續資料收集工作達到事半功倍的效果。

1.5.2.2 資料整理與分析能力

在資料收集工作完成后就需要對其進行整理和分析，根據擬定的行業分析框架進行資料整理與分析，最終通過邏輯分析，形成對該行業的認知。

1.5.2.3 邏輯分析能力

首先，研究過程中搭建的行業研究框架必須是基於研究目的的邏輯性展開的。其次，在具體的研究過程中，通過對比行業過去與現在的表現，考察外部環境的變化及其影響，從而預測未來趨勢。這個過程會考察邏輯的正確性與合理性。

1.5.2.4 鑽研與細節處理能力

行業研究是逐步累積的過程，需要沉下心來，專注鑽研行業知識與信息，不斷體會並掌握行業的特性與細節，在把握宏觀經濟與行業大局的前提下，時刻關注行業細節，發現和判斷行業發展趨勢。

1.5.2.5 溝通交流能力

通過網路、書籍等方式收集的資料難免存在信息失真的情況，一手資料會更準確。不過一手資料需要通過實地調研獲取，通常採用的方法就是與行業內專業人士進行溝通訪談。如何向當事人提問和如何在溝通過程中發現問題在行業研究中是非常重要的。

2 行業研究實踐操作

2.1 行業研究內容

2.1.1 行業概述

2.1.1.1 行業定義

要對某行業展開研究，首先必須對該行業的定義、業務範圍做準確界定。行業的定義，即是用高度概況的方式，說明該行業是做什麼的以及滿足哪方面的需求。

初級的行業研究者應當參考業界已形成的對該行業的各類定義，斟酌、篩選並整理使用。參考資料可以是國家統計局制定的國民經濟行業分類，每一個分類附有對行業定義的大概說明，也可以參考相關學者、證券公司、市場研究者對行業的概念界定，還可以參考百度百科、MBA 百科解答等，最終進行綜合概括。

下面列舉兩個行業定義實例以供參考：

根據中國報告大廳各研究報告整理 Wi-Fi 行業的定義。Wi-Fi 行業是指涉及 Wi-Fi 信號的生成、分享、接收使用的相關行業，該行業的特殊性在於其涉及硬件生產、軟件服務以及系統解決方案等多個層面的相關企業。基於無線的網路接入技術，Wi-Fi 應用範圍極廣，使用場景豐富，家居住宅、經營公共場所、交

通樞紐甚至景區景點，都可以應用。

根據國家統計局相關信息對零售業行業進行定義。零售業，是指百貨商店、超級市場、專門零售商店、品牌專賣店、售貨攤等主要面向最終消費者（如居民等）的銷售活動，以互聯網、郵政、電話、售貨機等方式進行的銷售活動，還包括在同一地點或后面加工生產、前面銷售的店鋪（如麵包房）的銷售活動。穀物、種子、飼料、牲畜、礦產品、生產用原料、化工原料、農用化工產品、機械設備（乘用車、計算機及通信設備除外）等生產資料的銷售不作為零售活動。多數零售商對其銷售的貨物擁有所有權，但有些則是充當委託人的代理人，進行委託銷售或以收取佣金的方式進行銷售。

通過以上兩個實例可以發現，在對行業進行定義時，可以從該行業提供的關鍵產品及其滿足的需要入手。

2.1.1.2 行業分類

在不同的應用領域，對行業有不同的分類方法，也因研究主體不同存在不同的行業分類系統。例如，瞭解與證券市場相關的各種行業分類方法及按適宜的標準進行行業分類，是撰寫投資類行業研究報告的基礎。

主要的行業分類系統如下：

第一，中國《國民經濟行業分類》國家標準（GB/T 4754-2011）。該分類系統於1984年首次發布，分別於1994年和2002年進行修訂，2011年進行第三次修訂。該標準由國家統計局起草，國家質量監督檢驗檢疫總局、國家標準化管理委員會批准發布，並於2011年11月1日起實施。其採用經濟活動的同質性原則劃分國民經濟行業，即每一個行業類別按照同一種經濟活動的性質劃分，而不是依據編製、會計制度或部門管理進行劃分。這種分類標準成為中國各領域對行業進行分類的基礎，將社會經濟活動劃分為門類、大類、中類和小類四級。大的門類

分為從 A 到 T 共 20 類，如表 2-1 所示。

表 2-1　　　　　　　　　國民經濟行業分類

A	農、林、牧、漁業
B	採礦業
C	製造業
D	電力、熱力、燃氣及水生產和供應業
E	建築業
F	批發和零售業
G	交通運輸、倉儲和郵政業
H	住宿和餐飲業
I	信息傳輸、軟件和信息技術服務業
J	金融業
K	房地產業
L	租賃和商務服務業
M	科學研究和技術服務業
N	水利、環境和公共設施管理業
O	居民服務、修理和其他服務業
P	教育
Q	衛生和社會工作
R	文化、體育和娛樂業
S	公共管理、社會保障和社會組織
T	國際組織

第二，中國證監會《上市公司行業分類指引》（CSRCICS）。為規範上市公司行業分類工作，根據《中華人民共和國統計法》《證券期貨市場統計管理辦法》《國民經濟行業分類》等法律法規和相關規定，中國證監會制定《上市公司行業分類指引》（CSRCICS）。《上市公司行業分類指引》以在中國境內證券交易

所掛牌交易的上市公司為基本分類對象，適用於證券期貨監管系統對上市公司行業分類信息進行統計、評價、分析及其他相關工作。該行業分類系統共有19個門類。《上市公司行業分類指引》被認為是管理型行業分類系統，在指導投資的功能上遠遜於作為投資型行業分類系統的全球行業分類系統。

第三，全球行業分類系統（GICS）。它是由標準普爾（S&P）與摩根士丹利公司（MSCI）於1999年8月聯手推出的行業分類系統。該標準為全球金融業提供了一個全面的、全球統一的經濟板塊和行業定義。全球行業分類系統為四級分類，包括10個經濟部門（Economic Sector）（見表2-2）、24個行業組（Industry Group）、68個行業（Industry）和154個子行業（Sub-Industry）。全球行業分類系統意圖為全球投資者提供一個標準化的行業定義，可以使投資者對其全球組合進行更加精確和有意義的分析。

全球行業分類系統如表2-2所示。

表2-2　　　　　　全球行業分類系統（GICS）

基礎材料（Materials）——化學品、金屬採礦、紙產品和林產品
消費者非必需品（Unnecessary Consume）——汽車、服裝、休閒和媒體
消費者常用品（Necessary Consume）——日用產品、食品和藥品零售
能源（Energy）——能源設施、冶煉、石油和天然氣的開採
金融（Finance）——銀行、金融服務和所有保險
醫療保健（Medical & Health）——經營性醫療保健服務、醫療產品、藥品和生物技術
工業（Industry）——資本貨物、交通、建築、航空和國防
信息技術（Information Technology）——硬件、軟件和通信設備
電信服務（Telecom）——電信服務和無線通信
公用事業（Utilities）——電力設備和天然氣設備

此外，行業分類系統還有道瓊斯全球分類系統、倫敦金融時報與倫敦證券交易所合資組建的 FTSE 指數公司推出的 FTSE 全球分類系統（FTSEGCS）、恒生行業分類系統等。在中國，國泰君安、中信證券也根據《國民經濟行業分類》《上市公司行業分類指引》編製了自己的行業分類標準。

以上行業分類系統是出於行業管理及投資的需要而編製的分類標準，學者對行業進行研究時會根據研究目的不同而對行業進行適當歸類，常見的行業類別有：第一產業、第二產業、第三產業的三次產業劃分；依據行業所使用的主要生產要素劃分為勞動密集、資本密集、技術密集的行業；按戰略關聯從國家或地區產業發展的角度將行業劃分為先導、主導、支柱、重點、先行等產業。另外，還有一些其他提法，如基礎產業、瓶頸產業、夕陽產業、幼稚產業等，都是有必要對其進行瞭解的。

國內以投資為目的的行業研究通常採用申銀萬國行業分類標準和中國證監會行業分類標準，國際上通用的主要是富時行業分類標準（ICB）和國際行業分類標準（GICS）。在國內市場研究中，使用申銀萬國行業分類標準的機構更多一些，便於同業交流比較；如果要進行跨市場公司間的比較，則國際行業分類標準會更加合適。

但是目前這些行業分類都有一些問題：一是每一家公司只有一個行業分類標準，這和越來越多的公司開始從事多元化產業佈局產生衝突；二是通用的行業分類標準都是結果化數據，一般投資者沒有辦法追蹤其判斷邏輯，即使錯了也很難及時發現；三是這些分類標準在更新上的及時性不足。

2.1.2 行業發展歷程與生命週期階段

2.1.2.1 行業發展歷程

行業發展歷程是指該行業的產生、發展、演變的過程，通

過對行業歷史的把握可以更好地研究行業發展現狀及趨勢。

在梳理行業發展歷程時，通常會關注行業主營業務收入、產量、產值、銷售額、資產額度等規模類指標，也需要關注企業數量、大企業比重、中小企業市場份額等市場格局類指標以及產品品質、品牌建設等指標，根據這些指標的變化觀察行業發展階段，並據此將行業發展歷程分為幾個不同階段，針對不同階段分別闡述。

例如，有學者根據行業規模指標變化將中國藝術品拍賣行業劃分為三個發展階段：早期探索震盪階段（1992—1999年）、快速發展階段（2000—2007年）、調整及穩步發展階段（2008年至今）。一些學者根據中國互聯網金融點對點借貸（P2P）行業規模、特質及環境類指標，將其發展歷程大致分為四個階段：P2P行業發展歷程的初始發展階段、P2P行業發展歷程的急遽擴張階段、P2P行業發展歷程的風險爆發階段、P2P行業發展歷程的政策調整階段。

同時，也可以根據行業的商業模式、經營業態、營運方式、行業技術發生關鍵性變化的時期作為階段分割點，抓住這些指標的變化對行業發展歷程的影響，分不同階段進行闡述。

例如，中國零售業的發展。如果以業態的發展為標誌就可以劃分為兩個階段：20世紀90年代以前以國有大型百貨業態為主體的單一業態階段；1992年尤其是1996年以來以連鎖超市為主體的多業態並存階段。又如，世界集成電路（IC）產業為適應技術的發展和市場的需求，其歷程可根據三次產業變革來劃分階段。第一次變革，即以加工製造為主導的IC產業發展的初級階段；第二次變革，即Foundry公司與IC設計公司的崛起；第三次變革，即「四業分離」（指IC產業結構向高度專業化轉化成為一種趨勢，開始形成了設計業、製造業、封裝業、測試業獨立成行的局面）IC的產業。

另外，在梳理行業發展歷程時，應注意分別闡述其國內發

展歷程與國外發展歷程。因為國家之間產業轉移的存在，該行業在國外可能屬於成熟期，而在國內尚處於成長階段，通過觀察該行業國際發展表現，瞭解國內與國際的差距，可以進一步認知該行業在中國未來的發展勢頭及界限。

2.1.2.2 行業生命週期階段

生命週期理論被較早地用於行業發展研究、行業演變研究。行業的生命週期是指行業從出現到完全退出社會經濟活動所經歷的時間。行業的生命發展週期主要包括四個發展階段，即初創期、成長期、成熟期、衰退期，如圖 2-1 所示。

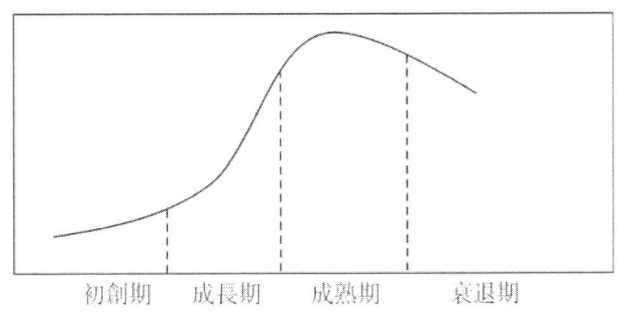

圖 2-1　行業 S 形生命週期

識別行業生命週期所處階段的主要指標有：市場增長率、需求增長率、產品品種、競爭者數量、進入壁壘及退出壁壘、技術變革、用戶購買行為等。下面分別介紹生命週期各階段的特徵。

第一，初創期。這一時期市場尚未打開，但是增長率較高，需求增長較快，技術變動較大。行業中的企業主要致力於開闢新用戶、占領市場，但此時技術上有很大的不確定性，在產品、市場、服務等策略上有很大的餘地，對行業特點、行業競爭狀況、用戶特點等方面的信息掌握不多。此時競爭對手不多，企業進入壁壘較低。

第二，成長期。這一階段市場增長率很高，需求高速增長，

技術也漸趨穩定，行業特點、行業競爭狀況以及用戶特點已比較明朗，企業進入壁壘提高，產品品種及競爭者數量逐步增多。

第三，成熟期。該階段市場增長率不高，甚至降為零，需求增長率也不高，技術上已經成熟，形成標準化生產。行業特點、行業競爭狀況以及用戶特點非常清楚和穩定，買方市場形成，新產品和產品的新用途開發更為困難，競爭對手減少，行業進入壁壘很高。

第四，衰退期。這一時期的市場增長率下降，甚至為負，需求也開始下滑，產品品種及競爭者數目減少，盈利降低。從衰退的原因來看，可分為四種類型的衰退，它們分別是資源型衰退、效率型衰退、收入低彈性衰退、聚集過度性衰退。

行業的生命週期曲線忽略了具體的產品型號、質量、規格等差異，僅僅從整個行業的角度考慮問題。行業生命週期可以把成熟期劃為成熟前期和成熟後期。在成熟前期，幾乎所有行業都具有類似 S 形的生長曲線，而在成熟後期則大致分為兩種類型：第一種類型是行業長期處於成熟期，從而形成穩定的行業；第二種類型是行業較快地進入衰退期，從而形成迅速衰退的行業。

如何對行業當前所處的生命週期階段進行判斷呢？通常的一種做法是：選取行業規模類指標，如主營業務收入、產量、產值、銷售額、資產額度，計算其增長率，以此反應行業年度增長情況，然后將行業增長率與國內生產總值（GDP）增長率進行比較，如圖 2-2 所示。

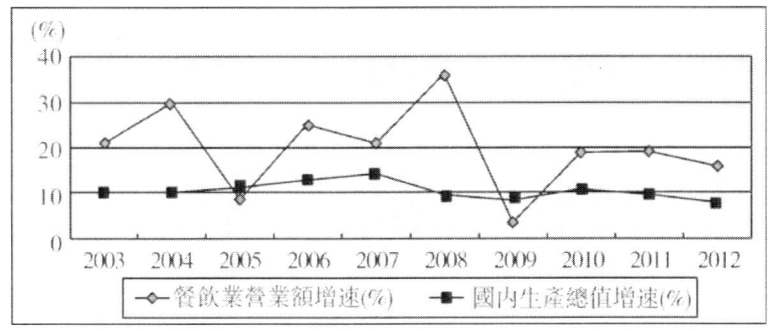

圖 2-2　2003—2012 年中國餐飲業營業額與國內生產總值增速比較

數據來源：國家統計局網站

我們選取 2003—2012 年中國餐飲業營業額增速數據，將其與國內生產總值增速進行比較，觀察二者位置的高低。明顯可見，餐飲業營業額增速在大多數年份都高於國內生產總值增速，國內生產總值增速反應一國所有行業的平均增速，因此可以判斷認為餐飲業發展速度超過中國行業平均增長速度，其增長率高，處於成長期。如果二者持平，可認為餐飲業處於成熟期；若餐飲業營業額增速明顯低於國內生產總值增速，可判斷認為餐飲業處於衰退期或初創期。

另外一種定量判斷行業生命週期階段的方法，就是計算該行業近些年的幾何增長率，將其與 10% 比較。若高於 10%，則通常判定為成長期；若接近於 10%，則通常判定為成熟期；若小於 10%，則根據行業情況判斷為初創期或衰退期。這種判斷方法取自芮明杰編寫的《產業經濟學》一書。

需要注意的是，行業生命週期理論在運用上有一定的局限性。因為生命週期曲線是一條抽象化的曲線，各行業按照實際銷售量繪製出來的曲線可能不會如此光滑規則。因此，需要確定行業發展處於哪一階段有時是困難的，識別不當容易導致戰略上的失誤。影響銷售量變化的因素很多，關係複雜，整個經濟中的週期性變化與某個行業的演變也不易區分開來，而且產

業擴張、產業轉移帶來行業生命週期新的成長，機械的生命週期階段方法也並不適用。因此，應將行業生命週期分析法與其他方法特別是定性判斷方法結合起來使用，這樣才不至於陷入分析的片面性。

2.1.3 行業概況

2.1.3.1 行業發展現狀

通常從行業規模（產出與投入）、增長率、盈利變化以及重要企業四個方面對行業發展現狀進行簡要描述。

行業規模的指標分為產出類指標與投入類指標。產出類指標包括行業主營業務收入、總產量（或總產值）、銷售額（或銷售收入）；投入類指標包括固定資產額度、從業人員數等。

具體而言，例如，中國電影行業目前可以用三個指標衡量電影行業規模，第一個是屏幕數量，第二個是電影行業產品數量，第三個是電影行業的票房收入；餐飲行業可以用餐飲業營業額、餐費收入、從業人員數、年末企業數、餐飲營業面積等衡量其規模；旅遊業可以用（國際、國內）旅遊消費總額、出入境旅遊人次、旅遊投資額度、旅遊景區接待人數、旅行社接待遊客人數、門票收入、客房收入和平均房價等衡量其規模；房地產行業可以用銷售面積、銷售收入、新開發面積等衡量其規模。

增長率是對行業發展在時間序列上進行縱向比較，同時也應該對行業地位進行橫向比較。橫向比較包括兩類：一類是看該行業增加值占國內生產總值的比重是多少，並結合時間序列數據觀察歷年該行業增加值占國民收入的比重的變化情況；另一類則是行業收入在國際、區際的橫向比較。以下做簡要示例說明：

以旅遊業為例，2015年12月17日，國家統計局網站公布

了 2014 年全國旅遊及相關產業增加值結果：全國旅遊及相關產業增加值為 27524 億元，占國內生產總值的比重為 4.33%，比 2014 年提高 0.13 個百分點。

以電影行業為例，中國 2012 年票房入帳 27 億美元（約合 186 億元人民幣），在全球總票房中占比近 8%。從 2013 年世界各國電影票房排行來看，中國票房總收入排名第二位，數值較高。但是從人均票房來看，北美人均票房為 30.88 美元（約合 213.20 元人民幣），中國僅為 2.67 美元（約合 18.43 元人民幣），排名第 20 位，說明該行業在未來一定時間有相當大的成長空間。

隨著時間的推移，行業競爭格局與外部環境發生著變化，盈利情況也在改變。通過對行業的盈利情況逐年進行考察，可以從側面瞭解行業的經營狀況。

行業利潤率通常反應行業盈利情況，可採用的指標有毛利率、銷售利潤率、股東回報率（ROE）。通過上市公司發布的財務數據可以計算其利潤率，但是要得到整個行業的利潤率往往較難。處理的方法有兩種：一種方法是選取一定數量的上市企業，得到各自利潤率，然后通過計算平均值得到行業利潤率；另一種方法是採用應稅所得率，反應行業利潤率。

應稅所得率是指對核定徵收企業所得稅的企業計算其應納稅所得額時預先規定的應納稅所得額占其生產經營收入的比例。該比例根據各個行業的實際銷售利潤率或者經營利潤率等情況測算得出。按核定徵收方式徵收企業所得稅的企業，在收入總額或成本費用支出額能夠正確、完整核算的情況下，可按應稅所得率計算應納稅所得額，再計算出應納稅額，據以申報納稅。

為了確定合適的應稅所得率，稅務機關對各行業的利潤率進行了多渠道測算。2007 年修訂調整的應稅所得率表如表 2-3 所示。

表 2-3　　　　　　2007 年修訂調整的應稅所得率表

行業	應稅所得率（%）
農、林、牧、漁業	3~10
製造業	5~15
批發和零售貿易業	4~15
交通運輸業	7~15
建築業	8~20
飲食業	8~25
娛樂業	15~30
其他行業	10~30

不過公布的應稅所得率行業範圍較大，並且時間不夠及時，因此只具有一定的參考價值。

行業研究的最終目的一定是要落腳在企業分析上的。行業發展現狀部分只需要列舉行業中的重要企業，包括在產值、市場份額方面占據主導地位的龍頭企業，也包括在技術、信息等方面保持領先地位及靈活性的企業。這類企業可以通過在證券市場上的市場表現獲得，也可以根據其年收入占行業總收入的比重來選取，還可以從該行業協會邀請的重要企業名單中得到印證。因此，要對該行業內的企業架構、企業特徵（包括產品特徵、營運模式特徵等）有一個基本認知，在行業發展現狀部分不必對企業架構、特徵等進行分析，但需要有所瞭解。

2.1.3.2　行業週期性

外部宏觀經濟波動往往會影響行業表現，但不同的行業受到宏觀經濟的影響不同。根據行業與國民經濟波動的相關性可以將行業分為如下三種類型：

第一，增長型行業。增長型行業的行業收入增長的速率相對於經濟週期的變動來說，並未出現同步影響，經常呈現增長形態。行業收入增長主要依靠技術進步、新產品推出以及更優

質的服務，如智能手機及手機軟件（APP）服務。

　　第二，週期性行業。週期性行業是指行業的景氣度與外部宏觀經濟環境高度正相關，並呈現週期性循環的行業。週期性行業的特點是產品價格、需求以及產能呈現週期性波動，行業景氣度高峰期來臨時產品需求上升，價格大漲，為滿足突然膨脹的需求，產能大幅度擴張；而在蕭條期時則剛好相反。汽車、鋼鐵、房地產、有色金屬、石油化工等是典型的週期性行業，其他週期性行業還包括電力、煤炭、機械、造船、水泥等行業。

　　第三，防禦型行業。防禦型行業的行業經營狀況在經濟週期的上升和下降時期都很穩定。該行業主要包括一般必需品行業，如食品業和公用事業。

　　事實上，絕大多數行業都是週期性行業，根據其波動劇烈程度分為強週期行業與弱週期行業。週期性行業之所以具有週期性，是因為當國內生產總值持續高增長，人們收入提升，特別是對住房、國際旅遊、奢侈品等的需求增加，從而催生這些產品及其背后的原料（化工、金屬、煤炭、電力等）、機器設備、能源消耗等的增加。有些商品具有較大的供給價格彈性，供給量反應快，因此產品價格變化不大，但有些商品是需要漫長的投資建設期（例如，鋼廠，至少需要 3 年，並且資金需求量大），因此造成價格上升，盈利空間大；有些商品價格上漲是因為資源有限，如煤、電等，跟不上需求，漲價幅度大；有些商品價格上漲可能是因為技術達不到大規模生產的要求；等等。當經濟衰退、需求降低，這類行業會因為供給能力變動慢、產品供過於求而價格急遽下滑，出現虧損。

　　怎樣判斷行業週期性呢？通常的做法是選取 1~2 個反應行業增長的指標，計算其年增長率，將該增長率與國內生產總值增長率進行比較，觀察二者波動趨勢是否一致。指標選取可採用行業年總產量、年總產值、年固定資產額度、年從業人員數量等供給角度指標，或行業銷量、銷售收入、主營業務收入等

需求角度指標。

若某行業歷年增長率較平穩，並未顯示同國內生產總值有一致的明顯波動性，則可認為其為防禦型行業；若某行業歷年增長率總體上逐年攀升，特別是在經濟衰退期，受國內生產總值波動影響較小，則可認為該行業為增長型行業。

2.1.4 產業鏈情況

2.1.4.1 產業鏈的含義及構成

隨著社會分工的細化，沒有任何一種產品或服務可以由一家企業完全提供。一個企業所能向顧客提供的價值，不僅受制於其自身的能力，而且還受到上下游企業的制約，這樣就形成了產業鏈。產業鏈表達的是廠商內部和廠商之間為生產最終交易的產品或服務所經歷的價值增加的活動過程，它涵蓋了商品或服務在創造過程中所經歷的從原材料到最終消費品的所有階段。顯然，產業鏈中的企業是相互依存的。

傳統產業的產業鏈主要表現為縱向的產業關聯，知識凝聚到有形產品上並從上游廠商轉移到下游廠商，因此產業鏈上下游之間主要是有形產品的關聯，其結構就反應了該產業鏈內部上下游各環節之間的競爭與合作的關係。我們可以從價值鏈（存在大量的信息、物質和資金交換關係，構成價值遞增過程）、供需鏈（供應、銷售、服務、教育等環節均為內核提供服務）、企業鏈（產業鏈上龍頭企業與其上游、下游合作夥伴之間存在密切協同關係）、空間鏈（產業鏈上的主要環節往往聚集於某一特定區域）四個維度去理解和把握。

製造業產業鏈通常呈現如圖2-3所示的模式。

圖2-3 製造業產業鏈構成

圖 2-3 中各環節是按照產品與物料流動的順序編製的，產業鏈各環節分別由對應的企業提供產品與服務。在實踐操作中，各環節可以由不同企業分別提供產品，也可能是由同一企業提供多個環節的產品或服務。例如，在紡織服裝業中，ZARA、GAP 等品牌服裝企業會包攬產品設計、品牌策劃及市場銷售、售后服務等環節；在乳業中，現代乳業也從關鍵原料生產環節，擴展至產品生產加工環節。

農業產業鏈與製造業產業鏈類似，在細節上有一定區別，其構成環節如圖 2-4 所示。

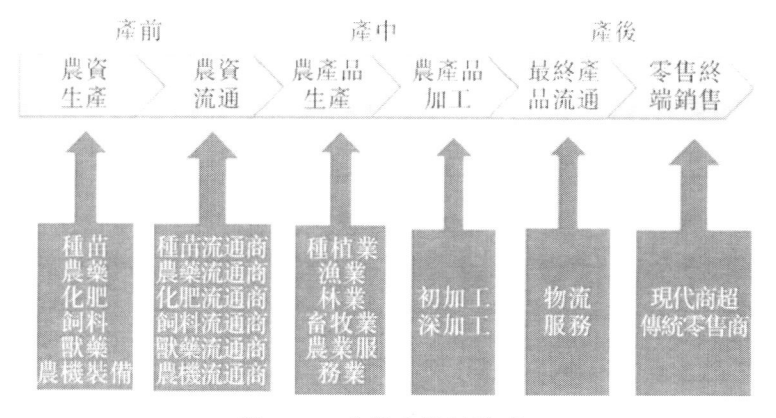

圖 2-4　農業產業鏈構成

農業產業鏈越長，附加值越高，企業存活時間就越長，發展速度也就越快；同時，農業產業鏈越寬，同一環節企業之間的分工與合作越充分，企業競爭力就越強。現代農業發展的過程中，應當注重產業鏈的拓寬與延長。

2.1.4.2　產業鏈收益分配

現代企業之間的競爭，不只是單個企業之間的競爭，通常會演變為產業鏈或供應鏈之間的競爭。而在每條產業鏈或供應鏈中，通常有協調整個鏈條的企業，該企業處於產業鏈的某個環節，對其他企業具有領導力量。因此，該企業在整個產業鏈條的利益分配上，往往處於最有利的地位。

行業研究方法與案例

企業間在產業鏈各個環節上的差異，是企業競爭優勢的來源。不同行業的企業在產業鏈的各個環節和產品的價值增值過程中發揮的作用不同。企業在各個環節上所形成的經營差異程度不同，差異大且差異難以消除的環節，正是產生企業關鍵競爭優勢或核心競爭力的環節，也正是分析和比較企業競爭優勢的重點環節。通過行業的產業鏈和產業鏈各環節的經營特點和增值作用分析，我們就可以發現產業鏈中經營、增值和成本控制差異大的經營環節，而這些環節往往是企業競爭優勢的主要表現方面，也是比較的著重點。企業競爭優勢的分析和比較就集中在這些環節。在這些環節中去比較企業與其他企業的競爭優勢與劣勢、形成優勢或劣勢的原因及因素，哪些優勢是容易替代的、哪些優勢是不容易替代的。企業形成競爭優勢的一個重要的努力方向，就是要形成不易被替代的優勢。

以 2011 年蘋果公司的利潤分配為例，蘋果公司中的研發、設計以及品牌銷售環節分得 58.5% 的利潤，而加工組裝環節僅分得 5.3% 的利潤。

以中國手機游戲行業為例，根據 2013 年的數據，其產業鏈構成分為手遊開發商（內容提供商）、發行商、渠道商，其中發行商、渠道商在產業鏈中占據有利地位，利潤分配比例較高。具體來看，開發商數量眾多，競爭激烈，不到 10% 的企業實現盈利，利潤分成占比約為 30%；發行商負責游戲代理、發行、推廣，湧現出盛大數位紅、數字魚、新浪手機游戲、掌上靈通、掌中米格、掌上明珠、華友世紀等眾多公司，是產業上下游的紐帶，利潤分成占比為 30%~40%；渠道商負責與用戶直接對接，提供游戲下載接口，通常分三類，即三大營運商（移動、電信、聯通）、終端廠商（蘋果、華為等 APP）、互聯網企業（盛大、網易、騰訊、360、豌豆莢等），利潤分成占比為 30%~40%。

中國大部分製造業產業鏈的利潤分配結構符合「微笑曲線」特徵。「微笑曲線」的說法由臺灣宏基集團創辦人施振榮先生在

1992年提出，以作為宏碁集團的策略方向。經歷了十多年之后，施振榮先生將「微笑曲線」加以修正，推出施氏「產業微笑曲線」，以作為各種產業的中長期發展策略。

此類產業鏈條形似微笑嘴型的一條曲線，兩端朝上，在產業鏈中，附加值更多體現在兩端的設計和銷售中，而處於中間環節的加工製造環節附加值最低，收益也最低，如圖2-5所示。

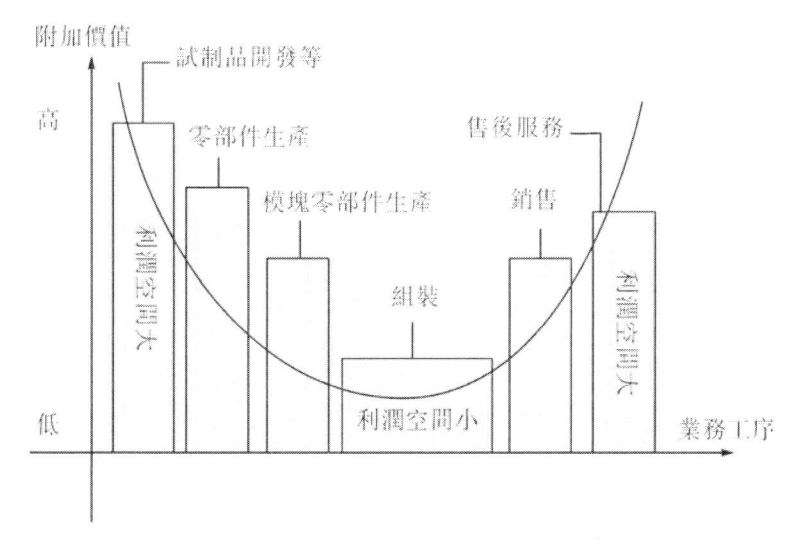

圖2-5　微笑曲線

許多學者也據此提出了中國製造業的出路：往產業鏈兩端走，提升附加值。不過值得注意的是，日本產業界也提出過一個類似的理論：武藏曲線。武藏曲線是在2004年由日本新力索尼中村研究所所長中村末廣所創。該研究所通過對日本製造業的調查，發現在製造業的業務流程中，中間部分的「組裝、製造」環節有較高利潤，而前端的「零件、材料」和后端的「銷售、服務」環節利潤反而較低。因此，若以利潤額度作為縱軸，以產業鏈各環節為橫軸，將各環節利潤額度形成的點連接成曲線，會得到一個「左右位低、中間位高」的曲線，正好與微笑曲線的表現相反。

這也說明，製造業加工組裝環節利潤並非從開始就較少。

中國大多數製造業之所以呈現微笑曲線特性，是因為中國製造業產品本身所體現的技術、精密度等不具備競爭力。

2.1.4.3 產業鏈垂直整合

隨著貿易和投資全球化的不斷深入，國際分工格局開始加快由產業間分佈向產業內分佈轉化，按產業鏈的縱向分離和協調為重要特徵的全球一體化的生產、流通逐漸形成。產業鏈上的整合，主要指縱向整合，即產業鏈上的企業通過對上下游企業施加縱向約束，使之接受一體化或準一體化的合約，通過產量或價格控制實現縱向的產業利潤最大化。

縱向整合，按照是否涉及股權的轉讓可分為股權的併購、拆分以及戰略聯盟。

股權併購是股權併購型產業鏈整合，是指產業鏈上的主導企業通過股權併購或控股的方式對產業鏈上關鍵環節的企業實施控制，以構築通暢、穩定和完整的產業鏈的整合模式。例如，國內鋼鐵企業在國外「抄底」買礦山或參股，富士康集團對下游企業夏普公司的控股，力帆集團、宗申集團參股上游汽車零配件企業（一為節約交易成本，二為提升配件企業研發實力），蘇寧集團和海爾集團共同出資組建公司等都屬於股權併購。

拆分是指原來包括多個產業鏈環節的企業將其中的一個或多個環節從企業中剝離出去，變企業分工為市場分工，以提高企業的核心競爭力和專業化水平。通用汽車公司曾是垂直一體化的典型，其業務範圍既包括后向的零部件製造，又包括前向的汽車金融服務。1999年，通用汽車公司剝離旗下的零部件企業德爾福公司。一年后，福特汽車公司也採取了同樣的舉措，將旗下零部件企業偉世通公司獨立出去。與上游供應公司劃清關係、縮小企業邊界，通用汽車公司和福特汽車公司在採購上獲取了更大的自由，從而可在廣泛的外部市場上選擇質量和價格更有競爭力的零部件，而不限於企業內部交易。另外，近幾

年中國實木家具行業中，許多家具廠也逐步剝離其原木處理環節，用市場方式銜接上、中、下游產業，提升資產週轉率，企業財務表現也更好。

戰略聯盟型產業鏈整合是指主導企業與產業鏈上的關鍵企業結成戰略聯盟，以達到提高整個產業鏈及企業自身競爭力的目的。例如，寶潔集團和沃爾瑪集團雙方在需求信息、門店庫存、倉儲運輸等多方面進行合作，從而讓寶潔集團一手掌握即時的產品需求信息，優化在各門店的庫存，在倉儲運輸方面與沃爾瑪集團的物流系統無縫對接，建立起經濟、準確、快速的供應鏈。

不過這樣一條長長的組織結構，必須要保證其中每一個環節都具備穩定、強勢的競爭力，避免因出現依賴心態而使整條產業鏈失去競爭力。在 20 世紀 50 年代，阿爾費雷德・P. 斯隆在整合通用汽車公司的上游供應商時，就規定其必須將 40% 的產品以同樣的價格賣給通用汽車公司以外的汽車製造商，從而保證其產品的市場競爭力。

2.1.5 外部環境影響

任何企業的經營都受到許多自身經濟變量之外的外部因素的影響，外部環境影響分析主要考察影響行業的無法由企業控制的宏觀或技術因素。關鍵外部影響因素通常分為政治、政府和法律因素，經濟因素，社會、文化、人口和環境因素，技術因素四大類。

2.1.5.1 四類外部影響因素

外部環境分析法也稱 PEST 分析法，重點是對未來 3~5 年內影響行業趨勢的外部因素進行梳理，並且往往要對外部因素對行業趨勢的影響進行定量分析。

第一，政治、政府及法律因素（見表2-4）。各國經濟、市場、政府以及組織之間越來越相互依賴，企業必須考慮政治變量對制定和實施競爭戰略可能產生的影響。

表 2-4　　　　　　　　政治、政府及法律因素

政治、政府及法律因素
・政府部門更換領導人，地方及部門新領導人的偏好
・不同行業、不同部門的利益群體的變動等
・國家經濟體制的進程，國有企業改革的政策
・政府改革和廉政建設進程
・對待私營企業的政策傾向
・西部大開發戰略等
・國際關係等，這對有進出口業務的公司尤其重要
・法律法規的出抬和變化，如專利法、知識產權保護法、反壟斷法、反傾銷法等
・行業監管措施的變更、加強等

第二，經濟因素（見表2-5）。經濟因素指的是宏觀經濟表現。

表 2-5　　　　　　　　經濟因素

經濟因素
・政府預算赤字、財政政策、貨幣政策
・再就業狀況
・開發區情況
・私營企業發展扶持
・銀行業、保險業的發展
・股票市場趨勢

表2-5(續)

經濟因素
·國民生產總值變化趨勢
·經濟轉型
·通貨膨脹率、價格波動
·不同地區和消費群體間的收入差別
·對不同類別產品與服務需求的轉變
·勞動生產率水平
·貸款的易得性
·居民儲蓄和可支配收入水平、居民消費傾向、消費模式等
·貨幣市場利率
·稅率
·美國、日本等發達國家的經濟狀況
·進出口因素
·勞動力及資本輸出
·匯價、國際市場上的美元、歐元價值

第三，社會、文化、人口和環境因素（見表2-6）。企業要注意對自身構成機會或威脅的關鍵因素。

表 2-6　　　　社會、文化、人口和環境因素

社會、文化、人口和環境因素
·社會保障制度
·特殊利益集團數量及變化
·主流價值觀及變化
·社會責任感
·平均受教育水平

表2-6(續)

社會、文化、人口和環境因素
・對道德的關切
・就業觀念
・對待變革、時間、工作、權威、經商、休閒、政府、用戶服務、產品質量等的態度
・生活方式
・社會活動項目
・城鄉差別
・區域性趣味和偏好變化
・文化習俗
・儲蓄、投資傾向
・鄉、縣、市、省（自治區、直轄市）和國家的人口年齡、性別、婚姻、富裕程度結構及規模的變化
・人口預期壽命
・人口移進和移出率、流動人口數量
・戶口
・家庭結構及變化
・宗教的數量及人數
・種族平等狀況
・婦女及少數民族就業者數量
・各地區高中及大學生數量
・交通狀況、城市環境
・能源節約和廢舊物再生狀況、污染控制、垃圾廢料的管理等

第四，技術因素（見表2-7）。技術因素包括超導、計算機工程、智能計算機、機器人、無人工廠、特效藥品、太空通信、

太空製造、激光、克隆、衛星網路、光導纖維、生物統計以及電子資金轉移等變革性的技術進步。這些因素對企業有著巨大的影響。不同的企業受技術及其發展的影響是不相同的。

表 2-7　　　　　　　　　　技術因素

技術因素
・公司擁有的主要技術是什麼
・公司在業務活動及產品和零部件生產中採用了何種技術
・這些技術對各種業務活動及產品和零部件生產的重要程度如何
・外購的零件及原材料中包含了哪些技術
・外部技術中哪些是至關重要的，為什麼
・企業是否能持續地利用這些外部技術
・這些技術曾經發生過何種變革，是哪些公司開創了這些變革
・這些技術在未來可能會發生何種變化
・公司在以往對於關鍵技術曾進行了哪些投資
・公司在技術上的主要競爭者和計劃的投資內容及投資方式如何
・公司及其競爭者在產品的研製與設計、工藝、生產以及服務等方面各進行了哪些投資
・人們對各公司技術水平的主觀排序如何
・公司的技術對各種應用的重要程度如何
・對這些應應至關重要的其他技術有哪些
・在各種應用中，不同的技術有哪些區別
・在各種應用中相互競爭的技術有哪些，決定各種技術各自替代優勢的因素是什麼
・這些技術正在發生的和將要發生的變化有哪些

2.1.5.2　PEST 分析法運用的注意事項

在對政治類因素進行分析時，首先，應確定該類政策是屬

於政府制定的產業發展政策或對行業有利的政策，還是屬於行業監管方面的規範與標準。其次，應確定該政策的實施主體是誰，明確頒布年份及實施期間。最後，要判斷該政策對行業發展的哪些方面產生影響，是有利影響還是不利影響，同時推測未來的政策導向及其會產生何種影響。

行業政策的梳理和判斷是不容易的，需要對該行業進行長期跟蹤，不斷總結前人的分析研究，才能做出有價值的判斷。

在對技術因素進行分析時，首先，應當考慮該行業的可生存性，即考察新技術是否會對該行業的現有產品帶來替代與衝擊。其次，考察外部技術對行業的促進作用。例如，互聯網技術對電商行業的影響，生物科技對現代農業發展的影響。最後，考察外部技術對行業的潛在風險。例如，太陽能光伏產業對現有的水力、火力發電行業的影響等。技術是影響行業未來發展的關鍵因素，在對工業、製造業進行行業分析時，尤其需要注重對該部分的研究，而金融業、旅遊業、餐飲業、娛樂業等服務業的研究則不需著重描述。以數控機床為例，數控機床是利用硬件和軟件相結合，以電子控制為主的機電一體化機床，充分利用了微電子、計算機技術等高端技術。因此，數控機床的發展具有一定的主觀決定條件，人們只有掌握後才能加速數控行業的發展。數控機床的發展是科技水平和人員素質的結合，二者缺一不可，如果人員素質、科技水平不達標，則難以滿足社會需求。人是一切活動的主體，數控機床的發展需要各種精通業務的專家和熟練的技術工人互相配合，共同完成；否則，數控機床難以順利發展。

社會、文化、人口和環境因素涉及面比較寬廣，社會、文化因素主要評估生活方式和流行趨勢變化對行業的影響，在判斷其影響時，需注意區分這些因素是短期流行還是長期趨勢。人口統計因素分析有關人口數量、分佈、年齡和收入等統計數據的變化趨勢，人口統計數據顯示的趨勢易於辨認和追蹤，但

對行業的影響程度難以確定。

在對外部環境進行評估時，應當從全球範圍對某個行業進行評價，尤其是對在全世界範圍內交易的商品，如石油、金屬、農產品等。

2.1.6 市場供求分析

市場供求分析主要是為了研究行業供需情況並判斷價格走勢。

首先，行業未來需求需要綜合宏觀全景經濟分析、行業生命週期、外部影響因素、子市場客戶研究四個方面來預測。其次，行業供給主要具備調整生產、與需求保持一致的能力。最后，綜合行業需求與供給，判斷價格走勢及行業景氣波動情況。

2.1.6.1 行業需求分析

行業需求分析一般包括行業歷史需求量調查、影響行業需求的外部因素分析和行業未來需求預測三個部分。

第一，行業歷史需求量調查。在做行業需求分析時，首先需要掌握行業歷年需求量及增長情況的數據，描繪全盤市場的大小，並以歷史數據推測近期發展趨勢。在對行業歷史需求量進行描述時，一般要取比較長的時間，通常在10年及以上，這樣推測出的發展趨勢才更為合理。

在前面的行業歷史部分，本書已經收集處理了行業歷史需求量數據，這些資料可運用於此處的需求量描述及趨勢推測中。

第二，影響行業市場需求的外部因素分析。在瞭解了行業的歷史需求量情況後，就可以開始預測行業未來的需求量以及影響行業需求量變化的因素。一般來說，國民收入總量、人口總量及結構、進出口額、人均可支配收入等是我們經常分析的外部因素。對於大多數行業來說，其需求量與宏觀經濟情況呈現一定的相關性。例如，國民收入的提高帶動了人們收入的增

加，促進了人們對一些消費品的需求，如房產、汽車、手機、旅遊、娛樂等。社會、人口因素也是影響許多行業發展的外部因素。例如，人口規模的增大帶動了住房需求，帶動了其他消費品需求量的增加；年輕人對紅酒消費習慣的培養，引起該行業的需求量逐步增長；等等。同樣，國外經濟表現也影響國內行業需求。例如，近幾年，美國等發達國家經濟情況下行，影響中國企業產品出口，從而影響該行業需求量。

除了從外部環境影響的角度分析對需求量的影響外，還應該將行業客戶劃分入不同的子市場，重點研究影響每個子市場需求狀況的少量因素，進而建立起對整個市場需求的看法。

例如，餐飲業可以分為正餐、快餐等，其中正餐占比50.8%，快餐占比42.5%，飲料及冷飲占比3%，其他餐飲占比3.7%，如圖2-6所示。

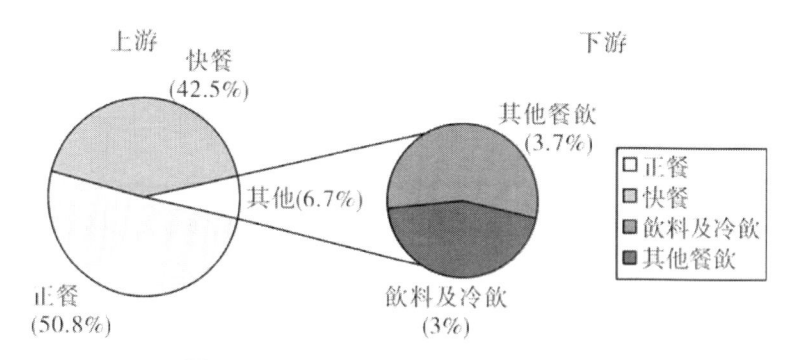

圖2-6 2012年連鎖餐飲業產品分類

數據來源：國家統計局網站

在對餐飲業整個行業的未來需求走勢進行判斷時，需要針對快餐與正餐分別討論，因為其產品、價格、環境、服務等的差異，在外部環境變化時正餐與快餐的需求變化走勢會有所不同。

以煤炭行業為例，其主要四大下游行業分別是電力（51%）、鋼鐵（11%）、建材（12%）及化工（4%），合計煤炭消費量占總煤炭消費量的80%左右（2015年數據），追溯到煤

炭產業鏈的終端主要是房地產和基建投資。因此，對煤炭行業的需求量預測主要從下游四大行業著手，並且參考房地產新建投資和基礎建設投資數據。

以商業中心辦公樓行業為例，其需求來源於銷售及出租兩方面。預測辦公樓需求前景，一方面需要分別考察近年來銷售、出租面積等的變化，另一方面還應考察出租或銷售占比走勢。

第三，未來需求預測。在行業需求量歷史數據的基礎上，分析各細分市場中外部環境變化的影響，通過定量方法對未來需求量進行預測，常用的分析方法有趨勢外推法、一元迴歸分析法、多元迴歸分析法及德爾菲法。

趨勢外推法是通過對行業在過去5年或者更長時間內的需求量變化情況進行分析，然后以此為依據來預測行業未來需求量的方法。這種分析既可以對行業進行整體需求預測，也可以對行業的細分行業進行結構性推斷。

趨勢外推法包括三個步驟：首先，找出過去5年及以上的需求量數據；其次，計算歷年平均增長率；最后，根據歷史平均增長率來計算未來一兩年的需求量。

一元及多元迴歸分析法是根據企業過去的情況和資料，建立數學模型並由此對未來需求量趨勢做出預測的方法。其步驟如下：

第一步，選取相關變量。選擇一個或多個與行業發展相關的因素，對這個因素進行調查，找出其與需求量5年以上的歷史數據。

第二步，建立一元或多元迴歸方程，根據歷史數據確定方程參數。

第三步，將相關數據代入估測的迴歸方程，計算未來的需求量。

迴歸分析方法是一種比較精確的預測方法，其準確程度與相關變量的選取有很大的關係。這要求在選取相關變量時，一

定要選擇與行業需求變動密切相關的變量。

德爾菲法是指通過聽取專家們的意見綜合考量處理並預測某重大技術性問題。經過經驗驗證，這種方法比較準確，有一定的權威性。德爾菲法主要有預測準備、專家預測、收集反饋、預測定論四個步驟。

2.1.6.2 行業供給分析

行業供給分析主要是看其產能是否能與需求變動保持一致。首先，應當分析當前產量及產能情況，也可以考察行業龍頭企業各自產量占比及產能情況。其次，考察行業新建投資數量或落後產能淘汰情況，估計其後續的產能變動。有些行業供給受進出口影響，也有必要對近年來行業進口品或出口品的變動情況及趨勢進行分析。最后，得出大概的供給量預測。

2.1.6.3 行業供需分析

從行業供求關係來看，基本上可以將其分為三類：供大於求、供不應求、供求平衡。若供大於求，則企業間的競爭激烈，可能導致價格下跌和高額的銷售費用支出，有的企業可能會發生虧損；若供不應求，則各企業產品都可以找到合適的市場，價格會有一定上升，若不存在較強的壁壘則新企業會大量湧入本行業；若供求平衡，則行業價格相對穩定，企業情況變動也不大。

在比較供求情況時，通常選取行業年產量、固定資產投資額度、資源儲存量及其增長率等作為行業供給指標，比較供給量與需求量的缺口以及彼此增長率的差異，來判斷供需形勢，進而為未來價格的變化提供一些預測。

以 2013 年印度煤炭行業供需情況為例，其煤炭資源儲量豐富，僅次於美、俄、中、澳，但品質低劣，並且煉焦煤較稀缺。印度 2009—2013 年印度煤炭產量平均增速為 4.6%，不過由於徵地法規約束、煤炭價格管制、鐵路運力限制等原因，2012—2013 年產量增速回落，分別為 0.2%、1.3%。不過其需求量增

速卻在 2012 年創 31 年來的新高。根據 2012 年的數據可知，印度電力行業煤炭需求量占煤炭總消費量的 68.6%；同時，2008—2012 年進口煤炭保持高速增長，年均增長率達到 19%，並且有望維持高位。由此可見，從印度國內情況看，煤炭行業供求整體仍將維持平衡但略微偏緊，煤炭需求成為決定供求平衡的核心因素，煤炭價格將有一定程度的上升。不過因為煤炭是大宗物品，受全球局勢影響較大，還應從全球格局對印度國內煤炭行業供求情況做進一步考察。例如，判斷全球煤炭需求大戶在未來的趨勢，從而判斷國際煤價變動及其對印度國內煤炭行業供求的影響。

2.1.7 行業競爭狀況

企業的獲利能力很大程度上與行業競爭程度相關，行業競爭程度通常是根據行業市場結構、行業競爭格局來評估。其中，行業市場結構是比較重要且容易通過數據進行判斷的。

2.1.7.1 行業市場結構

根據行業的廠商數量及份額、產品差別、進出壁壘等情況可以將該行業分為完全壟斷、寡頭壟斷、壟斷競爭、完全競爭四種市場結構，不同的市場結構競爭程度不同。根據經濟學基本理論可知，完全競爭市場上，企業的產品無差異，所有的企業都是價格接受者，無法控制產品市場價格，一般初級產品的市場類型較接近於完全競爭；壟斷競爭市場上，每個企業都在市場上具有一定的市場勢力，彼此之間又存在激烈的競爭，造成這種市場結構的原因主要是產品存在差別，這是生活中最常見的市場結構；寡頭壟斷市場是指相對少量的生產者在某種產品市場中占據很大份額，它們對市場價格和交易都具有壟斷能力，通常存在一個起領導作用的企業，寡頭壟斷市場主要存在於資本密集型、技術密集型、壟斷資源等行業；完全壟斷市場

上，獨家企業生產某種特質產品，沒有或缺少相近的替代品，一般公用事業和某些資本技術密集型及稀有礦藏的開採行業較為符合該市場結構。

判斷市場結構的定量指標有行業集中度、行業基尼系數等，行業集中度是通常被採用的測算指標，主要包括 CRn、HHI 兩類。在中國，學者及研究機構用 $CR4$、$CR8$、$CR10$ 判斷市場結構的情況較多。

CRn，即行業集中度，是指該行業的相關市場內前 n 家最大的企業所占市場份額（產值、產量、銷售額、銷售量、職工人數、資產總額等）的總和，以此表示行業集中程度，是最常用的測算方法。例如，$CR4$ 是指 4 家最大的企業佔有相關市場的份額。同樣，5 家企業集中率（$CR5$）、8 家企業集中率（$CR8$）均可以計算出來。CRn 越大，說明這一行業集中程度越高，市場競爭越趨向於壟斷；反之，集中度越低，市場競爭越趨向於競爭。

但是，該指標也存在缺點：一是只計算最大幾家企業的市場份額，未考慮其他企業；二是難以反應最大企業間的相對規模。例如，兩個行業 $CR4$ 都是 50%，一個行業前四強市場份額占比分別為 30%、10%、5%、5%，另一個行業則是 15%、15%、10%、10%，根據 $CR4$ 數據認為兩個行業集中度相同，因此得出競爭程度相當的結論，但是顯然這個結論是不合理的。因此，在運用該指標的時候，需要同時注意這些重要企業的相對市場份額情況。在數據資料充足的情況下，也可以計算 HHI 指數，結論將更準確。

CRn 指數有兩種計算方式。

一是在已知該行業前幾強企業所占市場份額的情況下，計算公式為：

$$CRn = \sum_{i=1} S_i$$

其中，S_i 是第 i 個企業所占的市場份額，n 是這個行業中規模最大的前幾家企業數。

二是在已知該行業的企業的產值、產量、銷售額、銷售量、職工人數、資產總額等的情況下，計算公式為：

$$CRn = \frac{\sum (X_i)_n}{\sum (X_i)_N}, \quad N > n$$

其中：

CRn 為規模最大的前幾家企業的行業集中度。

X_i 為表示第 i 家企業的產值、產量、銷售額、銷售量、職工人數、資產總額等。

n 為產業內規模最大的前幾家企業數。

N 為產業內的企業總數。

通常，$n=4$ 或 $n=8$，此時行業集中度就分別表示產業內規模最大的前4家或者前8家企業的集中度。根據美國經濟學家貝恩和日本通產省對產業集中度的劃分標準，可將產業市場結構粗分為寡占型（$CR8 \geqslant 40\%$）和競爭型（$CR8<40\%$）兩類。其中，寡占型又細分為極高寡占型（$CR8 \geqslant 70\%$）和低集中寡占型（$40\% \leqslant CR8<70\%$）；競爭型又細分為低集中競爭型（$20\% \leqslant CR8<40\%$）和分散競爭型（$CR8<20\%$）。

2.1.7.2 行業競爭格局

根據邁克爾‧波特的觀點，一個行業中的競爭，不僅是行業現有競爭對手之間的競爭，還面臨著五種基本競爭力量：行業現有企業之間的競爭、潛在進入者、替代品威脅、供應商議價能力、買方議價能力。這五種基本競爭力量的狀況及綜合強度決定著行業的競爭激烈程度，從而決定著行業中最終的獲利潛力以及資本向本行業的流向程度，這一切最終決定著企業保持高收益的能力。在對行業競爭格局進行分析的時候，往往採用五力模型，如圖 2-7 所示。

行業研究方法與案例

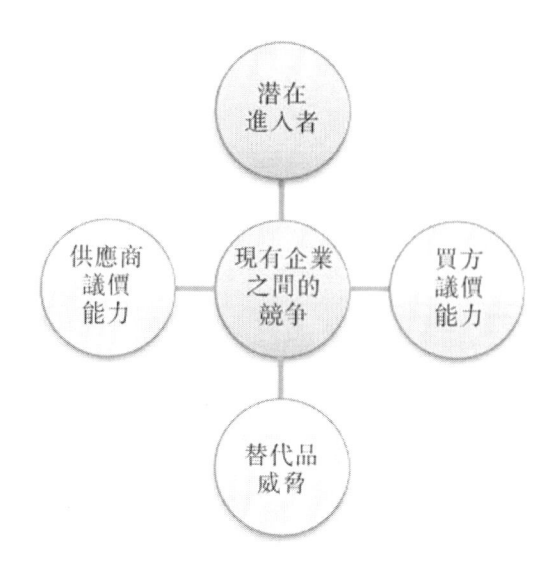

```
         潛在
         進入者
           │
供應商─── 現有企業 ───買方
議價      之間的      議價
能力       競爭        能力
           │
         替代品
         威脅
```

圖 2-7　波特五力模型

　　在運用五力模型時，應當首先分析五力（現有競爭者、潛在進入者、替代品、供應商、買方）中哪一個是影響企業發展的關鍵因素，在確定了關鍵因素後，則需找出需要立即應對的威脅，並採取及時行動。

　　五力具體內容介紹如下：

　　第一，現有競爭者之間的競爭。要分析行業的競爭態勢，首先涉及的一個最基本、最核心的問題就是該行業所提供的產品或服務，行業內各種競爭都是圍繞這些產品或服務展開的。行業內競爭對手的競爭力是企業所面對的最強大的一種力量。現有企業之間通常在產品價格、廣告、性能、售後服務等方面展開競爭，過程中不可避免地會產生衝突與對抗。在有些行業中，競爭的核心是價格；在有些行業中，價格競爭很弱，競爭的核心在於產品或服務的差異、新產品推出、質量與性能、售後以及品牌形象等。

　　行業中的競爭廠商都會努力在自己的產品上增加新的特色以提高對客戶的吸引力，同時搜尋並利用其競爭對手的市場弱

點。一般情況下，行業的進入與退出壁壘的高低會影響行業內的競爭激烈程度。如果行業進入壁壘較低，勢均力敵的競爭對手也會較多，競爭參與者範圍廣泛；如果行業退出壁壘較高，即退出競爭要承擔較高的經濟代價，這將會激化行業內的競爭激烈程度。通常情況下，先期資金投入量、用戶轉換成本、規模經濟性、專利、行政壁壘等都是影響進入壁壘的關鍵因素；而資產專用性、退出的固定費用、戰略上的相互牽制、情緒上的難以接受、政府和社會的各種限制都會提高退出壁壘。另外，行業的生命週期階段也是影響行業內競爭程度的重要因素。當行業發展處於成熟階段，產品需求增長緩慢，競爭開始加劇。當競爭對手提供的產品或服務差別較小的時候，當宏觀經濟環境變差的時候，當行業內競爭對手獲取外部資金等支持而採取激烈的競爭手段以提升自身行業地位的時候，競爭程度往往較強。

評估競爭的激烈程度，關鍵是準確判斷企業間的競爭會給盈利能力帶來多大的壓力。如果競爭行動降低了行業的利潤水平，那麼可以認為競爭是激烈的；如果絕大多數廠商的利潤都達到了可接受的水平，那麼可以認為競爭是一般程度的；如果行業中的絕大多數廠商都可以獲得超過平均水平的投資回報，那麼可以認為競爭是比較弱的，具有一定的吸引力。

第二，潛在的行業新進入者。行業潛在進入者加入某行業時，一方面，會帶來行業產能的擴大，但也因為與現有從業者瓜分產品市場而必然引起彼此間激烈的競爭，從而帶來產品價格的下跌；另一方面，新進入者也同原有廠商在原材料資源上展開競爭，從而可能使得行業生產成本增加，最后會導致行業獲利能力下降。

潛在進入者威脅通常是根據行業進入壁壘與退出壁壘的高低來判斷的，壁壘高低則與行業內產品的差異化（品牌偏好及顧客忠誠度）、規模經濟、網路經濟、必要資本投入量、專利技

術與技能、渠道控制、行政壁壘、關稅及國際貿易方面的限制等相關。在進行具體分析時，可依據斯蒂格勒對進入壁壘的定義：新進入廠商承擔現有廠商不承擔的成本來作為判斷進入壁壘高低的思維方式。換種說法，新企業進入一個行業的可能性大小，取決於進入者主觀估計進入所能帶來的潛在利益、所需花費的代價與所要承擔的風險這三者的相對大小。

第三，替代品的威脅。不同行業的企業會處於競爭的情況，其原因是這些企業的產品之間有替代性，如豬肉與牛肉、傳統百貨商場與電子商務。替代產品的價格如果較低，則會使本行業產品的價格只能處在較低水平，這就限制了本行業的收益。本行業與替代品行業之間的競爭，常常需要本行業所有企業採取共同措施和集體行動。

來自替代品的競爭壓力主要取決於以下三個方面：

一是替代品價格。如果替代品的價格比行業產品價格低，那麼行業中的競爭廠商就會面臨降價的壓力。

二是替代品質量、性能和其他一些重要的屬性方面的滿意度。用戶在替代品與行業產品之間比較彼此的質量、性能和價格，這種壓力迫使行業中的廠商努力向顧客證明其產品品質及性能更加卓越。

三是購買者轉向替代品的難度和成本。常見的轉換成本包括可能的額外價格、可能的設備成本、測試替代品質量和可靠性的時間和成本、斷絕原有供應關係建立新供應關係的成本、轉換時獲得技術幫助的成本、員工培訓成本等。如果轉換成本很高，那麼替代品就必須在價格、品質、性能上有足夠大的優勢以吸引顧客購買。

因此，一般說來，替代品價格越低、質量和性能越高、購買者轉換成本越低，其對行業現有產品所帶來的競爭壓力就越大。

在進行行業研究時，首先需要明確該行業產品的替代品有

哪些，然后再對這些替代品各自產生的替代競爭壓力進行分析。以傳統圖書出版行業為例，首先，可以梳理該行業產品的替代品，其主要有數字報紙、電子書、互聯網期刊、手機移動閱讀產品、互聯網廣告、網路動漫、網路游戲以及博客等；其次，分別比較這些替代品與圖書出版之間在價格、品質、性能上的高低；最后，得出關於其替代能力的強弱判斷。具體分析如表2-8所示。

表 2-8　　　　　　　替代品類別及替代能力分析

圖書出版	替代品							
	數字報紙	電子書	互聯網期刊	手機移動閱讀產品	互聯網廣告	網路動漫	網路游戲	博客
價格								
品質								
轉換成本								
替代性								

第四，供應商的討價還價能力。對某一行業來說，供應商競爭力量的強弱，主要取決於供應商行業的市場結構情況以及其所提供產品的重要性。供應商的威脅手段有兩種：一是提高供應價格；二是降低相應產品或服務的質量，從而使下游行業利潤下降。

一般情況下，來自供應商的競爭壓力主要取決於以下三個方面：

一是供應商行業集中度相對於本行業集中度更高的時候。如果供應商行業集中度較高，行業內企業可以實現橫向聯合，控制供應價格及總量，對下游行業施加競爭壓力。一旦供應商所提供的產品可以通過開放市場由大量具有巨大生產能力的供應商提供，那麼與供應商相關的競爭壓力就會很小，購買者可

以很容易地從一系列有一定生產能力的供應商那裡獲得所需的一切供應，甚至可以分批購買以推動訂單競爭。在這種情況下，只有當供應出現緊缺而購買者又急需穩定的供應時，供應商才會擁有某種市場權力。如果有很好的替代品，而購買者的供應轉換既無難度且代價又不高，那麼供應商的談判地位就會處於劣勢。

二是供應商所提供的產品對本行業具有至關重要的作用的時候。如果供應商所提供的產品占其下游行業產品成本的很大比例，或對該行業產品的質量有著明顯的影響，那麼供應商就會擁有較大的市場權力。當少數幾家供應商控制供貨產品從而擁有定價優勢時尤其如此。

三是本行業企業購買替代品的轉換成本較高的時候。本行業企業轉向供應商替代品的難度越大或者成本越高，供應商的談判優勢就越明顯。

因此，當供應商擁有足夠的談判權，在定價、質量和性能或交貨上有較大優勢時，這些供應商就會成為一種強大的競爭力量。

第五，買方的討價還價能力。買方主要通過壓價、要求提供較高的產品或服務質量，來施加競爭壓力並影響行業中現有企業的收益。其議價能力主要由以下三個因素決定：買方所需產品的數量、買方轉而購買其他替代產品所需的成本、買方各自追求的目標。買方可能要求降低購買價格，要求高質量的產品和更多的優質服務，其結果是使得行業的競爭者們競爭激化，導致行業收益下滑。

一般來說，大批量採購使購買者擁有一定的優勢，從而可以獲得價格折讓和其他一些有利的條款。例如，沃爾瑪、家樂福等連鎖商超相對於地方性小超市在進貨成本上有較大優勢。

另外，由於產品差別不大，買方對廠商的產品、價格和成本所擁有的信息越多，轉向競爭品牌的成本較低，或轉向替代品的成本較低，買方就具有較強的議價能力。

最后，如果行業產品專用化程度較高，購買群體較為單一，也會增強買方的討價還價能力；如果買方具備整合本行業廠商業務領域信息的能力，其所獲得的談判優勢也越大。

2.1.8 獲利能力

投資類行業研究尤其注重獲利能力分析，該類報告的目的之一是發現高成長和高利潤行業、行業收入和利潤上升或下降的轉折點。發現行業的投資機會，即發現行業收入和利潤上升的轉折點，從而有利於規避投資風險。通過供給與需求的分析和預測，可以預測和判斷行業的未來利潤。一般而言，如果行業的產品的供給和需求同時增長，行業的收入和利潤就處於增長趨勢，而如果產品的供給和需求同時下降，則行業的收入就處於下降趨勢。一個行業要投資擴大產能或增加供給的關鍵是能否獲利。

另外，行業的收入和利潤在很大程度上依賴於產品的價格，而影響產品的價格主要因素是產品差別性、行業進入壁壘、行業集中度、原材料價格變化。這些競爭力量會共同決定行業內廠商的定價能力，從而影響其獲利能力，如圖 2-8 所示。

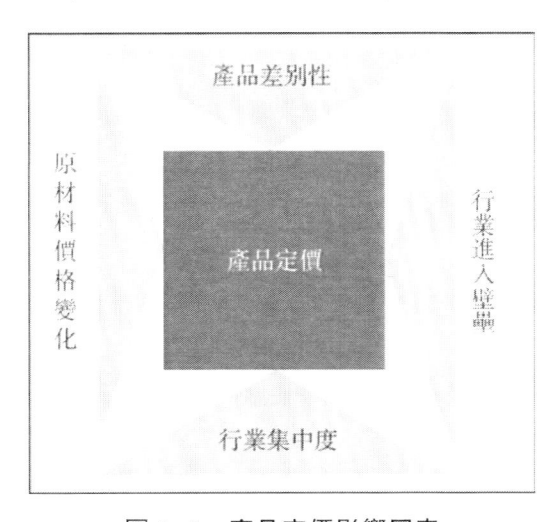

圖 2-8 產品定價影響因素

第一，產品差別性。產品差別性主要是按產品品牌知名度、產品的聲譽、產品的服務來劃分，特別是產品的品質差別不大的行業更是如此。這些劃分要素，往往也是產品價格的決定因素之一。在以品牌劃分的市場中，名牌產品的價格總要比其他產品高出一定的幅度。

第二，行業集中度。集中度高的行業，往往能阻止價格的波動。假設市場供需平衡，行業內的主要參與者就有追求壟斷行為的動機，主要參與者可以通過一些方式來達到高於均衡價格水平的協議價格。而在中國，產業集中度較高的一些家用電器行業，其價格不能維持在一個保證盈利的水平。其主要原因包括兩個方面：一是生產能力嚴重過剩；二是所有制和經營機制方面仍存在與市場經濟相背離的因素，而供給嚴重過剩在很大程度上也應歸因於市場機制的不完善。

第三，行業進入壁壘。進入行業的難易程度是決定價格變動是否符合自由市場模型的關鍵變量。

第四，原材料成本。過度依賴於某種特定原材料的行業，原材料價格變化會影響公司的成本和獲利能力，部分行業可以通過提高產品價格的方式轉嫁原材料成本上升的風險。每一個行業都在很大程度上依賴於少量關鍵的投入要素。這些要素價格往往是行業產品成本的主要構成要素，而它們價格的變化將嚴重影響行業產品的生產成本和利潤。有時全行業可通過提高價格來抵消這些要素價格提高所造成的成本增加，但是更多的時候則是迫於競爭的壓力而保持原來價格，進而造成全行業收入和利潤的下降。因此，行業內關鍵投入要素價格的變化，是影響行業內相關產品的生產成本、價格和利潤的重要因素，也是行業獲利能力及行業分析中重要的分析內容。

2.1.9 關鍵因素

行業獲利能力一方面取決於行業競爭程度，另一方面也取

決於其獨特的商業模式以及整個行業得以發展的關鍵影響因素。例如，打印機行業本身是高度壟斷的行業，行業壁壘就是專利。它是行業的「護城河」，能取得行業上的領先優勢的公司往往具有獨特的專利優勢；另外，行業的商業模式是並不依靠打印機賺錢，主要靠耗材實現盈利。因此，在對行業特點或驅動行業發展的關鍵因素進行把握的時候，必須從其行業競爭程度、獨特的商業模式入手。以下對各個行業的特徵做了簡要的概況介紹，可作為初步參考。

醫療保健行業。該行業的時間和資金成本的高門檻、專利保護、明顯的產品差異和經濟規模為行業內企業提供了競爭優勢。

餐飲業和零售業。該行業中的大多數企業競爭優勢面非常窄，建立優勢的基本方法是通過規模經濟做低成本，成為行業領導者。

商務性服務業。該行業的成功則依靠企業的規模經濟、經營槓桿作用以及品牌影響力。這些特性能夠提供明顯的進入壁壘並創造令人佩服的財務業績。

銀行業。該行業以其巨大的資金需求、巨大的經濟規模、整個地區壟斷的行業結構以及消費者較高轉換成本而獲取行業成功。

軟件業。該行業的主要競爭優勢包括客戶轉換成本、網路效應以及品牌價值。

生活消費品行業。該行業的發展特別依靠其規模經濟、品牌價值、分銷渠道和關係的建設。

工業基礎原料、設備及能源行業。該行業則較多依靠其規模經濟帶來的成本優勢以及一定程度上的進入壁壘。

這些對行業成功有極大影響的關鍵成功因素會隨著產業特性、驅動力、企業經營目標、競爭狀況、時間的變化以及地域的不同而有所改變。行業研究應當保持對外部環境、內部特性

等變化的關注，並分析梳理其影響，從而預測行業的未來表現。

2.1.10 重要企業分析

企業需要瞭解其所處的外部環境、競爭格局以及外部的潛在變化，同時也需要瞭解行業內領先企業的業績表現及營運模式。行業領先者為獲取競爭優勢會進行一些經營和管理創新，往往代表這一行業經營的一個發展趨勢。因此，在分析行業的一般經營規律和特徵時，應對行業領先者的經營與管理特色和競爭優勢進行重點分析，從中發現代表行業未來發展趨勢的一些經營和管理方法。

在對重要企業進行分析研究之前，應當對該行業整體上市企業情況有個基本的瞭解。

2.1.10.1 行業資本市場及相關上市公司情況

一是可以查詢該行業內上市公司的總體資本市場表現；二是這些上市公司的信息相對公開（如招股說明書、企業年報、調研報告），能提供較充分對稱的信息，通過對上市公司近年來的發展軌跡及現狀進行研究，可以更深入地理解該行業及該行業內的企業。

以下是中國藥品流通行業資本市場情況示例，可作為參考（資料來自商務部網站）。

2015年，藥品流通行業上市公司新增4家，其中通過IPO（首次公開募股）增加3家，分別為老百姓、益豐藥房和華通醫藥；通過資產置換增加1家，即人民同泰；減少1家，系桐君閣因資產置換，不再屬於藥品流通行業。截至2015年年末，藥品流通行業上市公司總數達20家，2015年營業收入總額為5,570億元，同比增長14.1%。淨利潤總額為152億元，同比增長19.1%。年終最后一個交易日市值總計3,905億元，平均市值達195億元。其中，市值100億元以上的企業有13家，分別

是國藥控股、上海醫藥、華東醫藥、九州通、國藥一致、瑞康醫藥、老百姓、國藥股份、中國醫藥、一心堂、益豐藥房、嘉事堂和柳州醫藥，國藥控股和上海醫藥的市值均超過400億元。藥品流通行業掛牌新三板的數量快速增長，截至2015年12月31日共有22家企業在全國中小企業股份轉讓系統掛牌。20家藥品流通行業上市公司披露的2015年對外投資活動共有89起，涉及金額63億元，同比增長14.9%。

2.1.10.2 重點上市公司研究與分析

在對公司進行具體的業績展開研究之前，可以按照表2-9的格式對各企業基本情況進行梳理。

表2-9　　　　　　　重點上市公司基本情況

企業名稱 基本情況	企業1	企業2	企業3	企業4	企業5
企業性質					
員工規模					
成立時間					
經營狀況					
經營範圍					
生產能力					
經營優勢					

隨後，應對上市公司的財務表現進行具體分析，可從成長能力、盈利能力、未來增長潛力、償債能力等角度展開研究。

第一，成長能力分析。企業以往的成長性能夠在一定程度上反應企業未來的增長潛力，因此可以利用主營業務收入增長率、淨利潤增長率、經營性現金流量增長率指標來考量公司的歷史成長性，以此作為判斷公司未來成長性的依據。

主營業務收入增長率是考察公司成長性最重要的指標，主營業務收入的增長所隱含的往往是企業市場份額的擴大，體現公司未來盈利潛力的提高、盈利穩定性的加大以及公司未來持續成長能力的提升。在研究過程中，可主要考察上市公司最新報告期的主營業務收入與上年同期的對比情況，並與同行業相比較。

淨利潤是一個企業經營的最終成果，是衡量企業經營效益的主要指標，淨利潤的增長反應的是公司的盈利能力和盈利增長情況。在研究過程中，可主要考察上市公司最新報告期的淨利潤與上年同期的對比情況，並與同行業相比較。

經營性現金流量反應的是公司的營運能力，體現了公司的償債能力和抗風險能力。在研究過程中，可主要考察上市公司最新報告期的經營性現金流量與上年同期的對比情況，並與同行業相比較。

第二，盈利能力分析。利用總資產報酬率、淨資產收益率、盈利現金比率（經營現金淨流量/淨利潤）指標來考量公司的盈利能力和質量。

總資產報酬率是反應企業資產綜合利用效果的核心指標，也是衡量企業總資產盈利能力的重要指標。

淨資產收益率反應企業利用股東資本盈利的效率，淨資產收益率較高且保持增長的公司，能為股東帶來較高回報。在研究過程中，可以考察上市公司過去兩年的總資產報酬率和淨資產收益率，並與同行業平均水平進行比較。

盈利現金比率，即經營現金淨流量與淨利潤的比值，反應公司本期經營活動產生的現金淨流量與淨利潤之間的比率關係。該比率越大，一般說明公司盈利能力就越高。在研究過程中，可考察上市公司過去兩年的盈利現金比率，並與同行業平均水平進行比較。

此外，也有必要關注上市公司盈利的構成、盈利的主要來

源等，以全面分析其盈利能力和質量。

第三，未來增長潛力分析。公司未來盈利增長的預期決定股票價格的變化。因此，在關注上市公司歷史成長性的同時，還要關注其未來盈利的增長潛力。這需要對上市公司未來1~3年的主營業務收入增長率、淨利潤增長率進行預測，並對其可能性進行判斷。

第四，償債能力分析。反應上市公司用其資產償付短期與長期債款能力的指標主要有短期償債能力指標和長期償債能力指標。短期償債能力指標包括流動比率、速動比率、現金比率；長期償債能力指標包括資本週轉率、清算價值比率和利息支付倍數等。

流動比率表示某一時點企業流動負債所對應的可用於償付的流動資產量，反應企業流動資產對流動負債的保障程度。

流動比率＝流動資產合計÷流動負債合計

一般認為，如果你有一元的負債，那麼擁有兩元的資產會比較好，這就相當於人們所說的2：1的流動比率對大多數企業是適宜的。但生產週期短的企業，其流動比率一般相對較低，而生產週期長的企業，其流動比率相對較高。不過該表述屬於靜態的概念，還可以採取以期初指標與期末指標比較的方式進行。如果期末指標比期初指標高，說明償付能力提高。

速動比率是企業的速凍資產與流動負債的比率，用於衡量企業能夠立即利用資產償還流動負債的能力。

速動比率＝(流動資產合計－存貨淨額)÷流動負債合計

一般而言，速凍資產在流動資產中的比重越高，企業的短期償債能力越強。不過由於預付帳款、待攤費用、其他流動資產等指標的變現能力較差或無法變現，因此在運用流動比率、速動比率分析企業短期償債能力時，需扣除這些因素的影響。

現金比率也稱貨幣資金率，是企業的現金類資產與流動負債的比率。

現金比率=(庫存現金+銀行存款+短期有價證券)÷流動負債

其觀點類似速動比率，不過如果現金比率過高也說明其經營者過於保守，資金週轉不靈，現金及等價物閒置過多。

資本週轉率，即可變現的流動資產與長期負債的比率，反應公司清償長期債務的能力。

資本週轉率=(貨幣資金+短期投資+應收票據)÷長期負債合計

一般情況下，該指標值越大，表明公司近期的長期償債能力越強，債權的安全性越好。不過如果公司資本週轉率很高，但未來發展前景不樂觀、現金流入量少、經營獲利能力弱，那麼公司實際的長期償債能力將會降低。

利息保障倍數又稱已獲利息倍數，是企業息稅前利潤和企業全年利息費用的比率，反應企業經營活動所獲得的收益與企業所需支付利息費用的關係。

利息保障倍數=(息稅前利潤總額+利息費用)÷利息費用=(淨利潤+所得稅+利息費用)÷利息費用

一般情況下，如果利息保障倍數大於1，說明企業具有償付當期利息的能力，具有償還長期負債的能力。

2.1.11 行業發展趨勢

趨勢分析建立在對行業產品結構、市場供需、競爭對手以及產業外部環境等各方面分析的基礎上，通過對行業現狀進行總結歸納，對行業發展趨勢做出判斷，最終為企業發展戰略提供參考依據

2.1.11.1 行業總趨勢的把握

瞭解一個行業的發展趨勢，首先應當去研究這個行業一些規律性的東西。例如，智能手機行業，它處在行業生命週期的什麼位置？未來的趨勢是向上還是向下？這必須要做一個趨勢

性判斷。雖然定量預測其增長率較難，但至少應該對行業的大趨勢有一個定性認識，即是增長還是下滑？是大幅增長還是小幅增長？這個大的方向要判斷正確。

另外，許多行業的發展與宏觀經濟走勢密切相關，大多數行業都屬於週期性行業，只是強弱有別。那麼，對外部宏觀環境的分析研究就是非常必要的。例如，國內生產總值及其增長率、城鎮居民可支配收入等指標，觀察其變動情況，並將其數值與行業指標進行相關性分析。又如，通過對日本、韓國在經濟快速增長時期的轎車銷售數據與國內生產總值數據進行相關性分析，發現轎車銷售額的增長率穩定在國內生產總值增長率的2~3倍。這種實證結果就可以被用於對中國同一經濟發展階段的汽車行業發展的趨勢預測中。

2.1.11.2 行業驅動因素變動分析

通過前面對行業歷史脈絡、現狀的梳理，確定行業發展的驅動因素，可能是進入壁壘造就的優勢，也可能是技術專利的壟斷，還可能是需求的旺盛或者是產業政策的照顧，等等。

2.1.11.3 行業發展趨勢推測

從時間上來看，行業發展趨勢主要分為短期趨勢（1~3年）、中期趨勢（3~10年）和長期趨勢（10年以上）。上述對行業關鍵性驅動因素的梳理可以判斷該因素在未來的動向，進而分析其對行業發展產生的長期或短期的影響。

2.2 行業研究方法與工具

2.2.1 數據收集方法

2.2.1.1 宏觀及行業經濟類

第一，國家統計局的數據、地級市各類經濟指標等，有免費數據，大學圖書館通常會購買部分收費數據。

第二，國家信息中心的各類經濟數據，大學圖書館通常會購買。

第三，中國知網（CNKI）、萬方、維普等經濟數據，大學圖書館通常會購買。

第四，可從省、市級經濟年鑒獲取地級市類的經濟數據。

第五，經管之家（原人大經濟論壇）——國內最大的經濟、管理、金融、統計在線教育和諮詢網站。

第六，密歇根大學的「China Data Center」提供中國數據的服務。

第七，其他常用的宏觀經濟數據源，如世界銀行、國際貨幣基金組織（IMF）、中國人民銀行、銀監會、商務部等。

2.2.1.2 企業與金融機構的財務數據

第一，萬得資訊（Wind）、通聯數據。

第二，巨潮資訊網、東方財富網等可以免費獲取上市企業的基金年報等。

第三，中國貨幣網—中國外匯交易中心可以免費獲取發債企業的財務數據（包括企業的債券募集說明書）。

第四，通過機構帳戶從 BANKSCOPE 數據庫下載銀行和券

商的財務數據，從全球保險公司分析庫（ISIS）下載保險數據。

第五，通過機構帳戶從標普（S&P）、慕迪（Moody）等評級機構獲取徵信和評級信息。

第六，通過機構帳戶從彭博終端（Bloomberg）獲取數據。

第七，可參考獨立研究服務提供商信用觀察（Credit Sights）提供的行業研究報告。

第八，在做行業研究的時候可參考英國的數據（平臺）服務提供商迪羅基全球數據處理公司（Dealogic）資料。

2.2.1.3 學術研究常用的金融數據源

第一，國泰安CSMAR金融數據庫。

第二，銳思RESSET金融數據庫。

2.2.1.4 按數據出處查詢

第一，諮詢公司，如易觀、艾瑞等，研究一般較為全面，但需確認數據真實性，並做獨立判斷。

第二，數據公司，如友盟、App Annie等，數據準確性、即時性較高，但需對數據進行再加工。

第三，媒體網站，如36氪、199IT及一些行業媒體等，一般較為綜合、及時，觀點突出、可用性強。

第四，業內公司，如百度、騰訊、阿里巴巴等，數據極有價值，但數據源較為片面，觀點一般帶有偏向性，可做部分參考。

第五，上市公司文件，包括招股書、年報、季報等，信息量極大，關鍵數據極具價值，但時效性低、碎片化，需要匯總整理並做深度解讀。

第六，行業協會，如中國汽車流通協會、中國茶葉流通協會、國際唱片業協會等，其發布的報告一般較為翔實、全面，可靠性強。

第七，券商行業研究報告，查閱方便，可讀性強，但一般

不夠全面、較為偏頗，一級、二級市場差異較大，需要做獨立判斷。

第八，政府部門，如國家統計局及對口管理部門等，數據宏觀，可作為參考依據。

第九，投資機構，資料稀有，真正面向創業投資實踐，每一份數據后面凝聚著上億資金和數十年的經驗。

第十，自採數據，如各大團購網站每日公開交易額數據以及各應用市場應用軟件（APP）下載量數據等。

2.2.2 深度訪談

閱讀再多的報告也不一定能真正瞭解一個行業，報告越讀越多，疑問也只會越攢越多，而只有真正到一線去做訪談，與創業者進行深度溝通交流，才能查缺補漏，消滅所有疑問，對行業有更深刻的理解。

在訪談中如何提問，則是一門技術，也是藝術。

訪談的對象主要包括以下五類：

第一，資深從業者。

第二，相關投資機構。

第三，行業媒體。

第四，產業鏈上下游企業。

第五，競爭對手。

2.2.3 分析工具

行業研究的過程中，通常會使用到以下 14 種分析工具：

第一，S-C-P 分析法。

第二，Segment Analysis 產業細分分析。

第三，Business-chain 分析方法。

第四，SWOT 分析法。

第五，外部因素評價矩陣（EFE）。

第六，競爭態勢矩陣（CPM）。

第七，波特五力模型（FORCE）。

第八，FAW 分析方法。

第九，3C 分析方法。

第十，4P 分析法（市場環境分析）。

第十一，行業參與者模型。

第十二，產業生命週期。

第十三，鑽石模型。

第十四，成長模型。

產業生命週期、波特五力模型、產業鏈、外部環境影響因素（PEST）分析法已在前面做過介紹，在此補充幾個分析方法。

2.2.3.1　S-C-P 分析法

S-C-P，即 Structure-Conduct-Performance，由美國哈佛大學產業經濟學教授貝恩、謝勒等人於 20 世紀 30 年代提出。該模型提供了一個具有邏輯聯繫同時深入具體實踐分析的市場結構（Structure）—廠商行為（Conduct）—市場績效（Performance）的研究框架。

在哈佛學派的 S-C-P 分析框架中，產業組織理論由市場結構、廠商行為、市場績效三部分以及政府的公共政策組成，其基本分析程序是按照市場結構影響廠商行為、廠商行為影響市場績效、市場績效影響政府制定公共政策的邏輯展開。因此，為了獲取理想的市場績效，就需要通過公共政策來調整和直接改善不合理的市場結構。具體而言，隨著市場結構從競爭走向壟斷，必然導致廠商行為的性質發生變化，並最終造成市場績效發生由好向壞的變化。因此，對行業的市場結構進行判斷以及如何規制就是其研究重心。

后來，芝加哥學派提出不同意見，認為在高度集中的市場

上長期出現高利潤現象是大型企業高效率經營所產生的結果，因為企業規模擴大和集中度的提高完全可能是由技術因素或規模經濟所引致的，而並非為獲取壟斷利潤。市場良好績效的取得是因為企業的研發、投資等行為促成的。因此，該學派更看重廠商行為對市場績效的影響以及據此對市場結構的影響。

總的來說，兩個學派關於市場結構、廠商行為、市場績效三者之間的關係可以通過圖2-9加以說明。

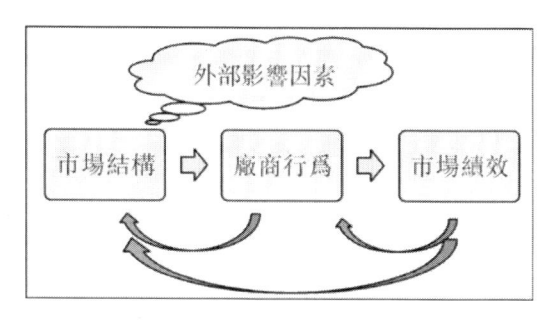

圖2-9　S-C-P分析框架

在具體分析過程中，應當有效地把握評估S-C-P模型的各個要素，並梳理清楚三者之間的聯繫。其中，市場結構的重要指標包括行業集中度、進出壁壘、產品差別化；廠商行為的重要指標包括價格策略、併購行為、研發行為、廣告宣傳等；市場績效的重要指標包括資產收益率（ROA）及淨資產收益率（ROE）、托賓Q值、資源綜合利用效率以及技術進步情況等。預測外部環境因素對行業的未來影響，其中包括對市場結構最初的影響、對廠商行為產生的影響以及對市場績效最終的影響。

2.2.3.2　Business-chain分析方法

價值鏈就是從原材料加工到產品成品到達最終用戶手中的過程中，是所有增加價值的步驟組成的一系列活動。價值鏈在經濟活動中無處不在，上下游關聯的企業之間存在行業價值鏈，企業內部各業務單元的聯繫構成了企業的價值鏈，企業內部各業務單元之間也存在著價值鏈。

價值鏈管理的目標是創造一個價值鏈戰略，而這個戰略是為了滿足和超越客戶的需要和慾望，達成價值鏈中成員的充分整合。一個好的價值鏈可以使各成員進行團隊協作，每個成員都為了全部過程增加相應的價值——快速組裝、更準確的信息、更快的客戶反應速度和更好的服務等。價值鏈中的各成員合作得越好，就會越好地為客戶解決問題。

對大部分產品來說，價值鏈最后也是最大的一個環節就是銷售。如果這個環節由目標公司經手，那麼這一環節的利潤也主要歸該公司所有。

弄清價值鏈各環節的收入分配可以從以下問題入手並進行估算：

第一，誰購買你的產品或服務？即定義你的目標受眾。

第二，他們打算花多少錢購買這些產品？即做一個價值分析，計算這些產品的價值。

第三，在什麼銷售渠道能購買到你的產品？即瞭解你能控制產品分銷的程度以及零售商或銷售代表在分銷過程中提供的價值。

第四，產品的單件銷售成本是多少？即銷售成本除以產品數量，這樣就能估算出這些產品是否值得銷售。

通過先回答以上四個問題，再順著價值鏈逆向往上推演出后面的問題：製造、包裝、搬運和儲存所銷產品的費用是多少？單件產品的銷售利潤是多少？一個月能夠達到多少銷售額？

再綜合考慮廣告、培訓、經常開支和其他一些成本，就可以完全把價值鏈弄清楚了。然后就能找出使產品盈利的辦法。

按照不同產業對產業鏈進行分析，易於瞭解客戶的需求，可以在短時間內確定項目的方向性。圖 2-10 至圖 2-13 列舉了各個行業的產業鏈條（或企業供應鏈條），以備查詢。

研究開發 > 採購 > 製造 > 物流 > 銷售 > 服務

圖 2-10　製造業產業鏈

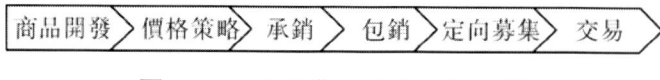

```
商品開發 > 價格策略 > 承銷 > 包銷 > 定向募集 > 交易
```

圖2-11　金融業（證券）產業鏈

```
商品開發 > 採購 > 物流 > 宣傳廣告 > 店面管理 > 營業 > 服務
```

圖2-12　零售業產業鏈

```
媒體採購 > 客戶開發 > 商品企劃 > 銷售 > 廣告製作 > 廣告實施 > 監督
```

圖2-13　廣告代理業產業鏈

2.2.3.3　SWOT分析法

SWOT分析法也稱TOWS分析法、道斯矩陣，即態勢分析法，20世紀80年代初由美國舊金山大學的管理學教授韋里克提出，具體包括分析企業的優勢（Strengths）、劣勢（Weaknesses）、機會（Opportunities）和威脅（Threats）。

示例：沃爾瑪的SWOT分析。

優勢——著名的零售業品牌，以物美價廉、貨物繁多和一站式購物而聞名。

劣勢——雖然沃爾瑪擁有領先的信息技術，但是由於其店鋪遍滿全球，這種跨度會導致某些方面的控制力不夠強。

機會——採取收購、合併或者戰略聯盟的方式與其他國際零售商合作，專注於歐洲或者中國等特定市場。

威脅——所有競爭對手的趕超目標以及電商的衝擊。

SWOT分析法是企業基於自身實力，與競爭對手進行對比，分析企業外部環境變化可能給企業帶來的機會與威脅，進而制定企業最優策略的方法。其中，優勢與劣勢分析主要側重於企業自身實力並將其與競爭對手做比較，而機會和威脅分析著眼於外部環境的變化及其對企業的影響。SWOT分析法可用於分析行業的優勢、劣勢、機會、威脅，更多地被用於分析企業。下

面主要介紹企業如何採用SWOT方法進行分析。

第一,優勢與劣勢(SW)分析。

競爭優勢是指一個企業超越其競爭對手、實現企業目標的能力,企業的主要目標包括盈利、增長、市場份額等。因此,企業的競爭優勢並不一定完全體現在較高的利潤率上,有時企業更希望保持增長速度、增加市場份額或者穩定雇員等。當兩個企業處在同一市場或者兩者都有能力向同一顧客群體提供產品和服務時,如果其中一個企業有更高的利潤率、更快的增長速度或更高的市場份額,則該企業比另一個企業更具有競爭優勢。

競爭優勢可以體現為產品質量、可靠性、適用性、風格和形象以及服務的及時、態度的熱情等。雖然競爭優勢實際上指的是一個企業比其競爭對手具有的綜合優勢,但是明確企業究竟在哪一個方面具有優勢更有意義。因為只有這樣,才可以揚長避短。由於企業是一個整體,並且由於競爭優勢來源廣泛,因此,在進行優劣勢分析時必須從價值鏈的每個環節上,將企業與競爭對手做詳細的對比。例如,產品是否新穎、製造工藝是否複雜、銷售渠道是否暢通以及價格是否具有競爭力等。如果一個企業在某一方面或某幾個方面的優勢正是該行業企業應具備的關鍵成功因素,那麼該企業的綜合競爭優勢就強。

第二,機會與威脅(OT)分析。

機會與威脅分析主要著眼於企業外部環境帶來的機會和威脅。外部環境發展趨勢分為兩大類:一類表示環境威脅,另一類表示環境機會。環境威脅指的是環境中不利於行業發展的趨勢所形成的挑戰,如果不採取果斷的戰略行為,這種不利趨勢將削弱企業的競爭地位。企業外部的不利因素包括新產品替代、銷售商拖延結款、競爭對手結盟、市場成長放緩、供應商討價還價能力增強等,影響企業目前的競爭地位。環境機會是指企業面臨的外部環境中對企業發展有利的因素,是對企業行為富

有吸引力的領域，在這一領域中發展壯大的企業將擁有競爭優勢。外部機會包括政策支持、技術進步、與供應商關係良好、銀行信貸支持等。

第三，企業戰略選擇。

根據企業優勢與劣勢分析和機會與威脅分析，可以畫出SWOT分析圖（見圖2-14），並據此制定企業所需採取的策略。

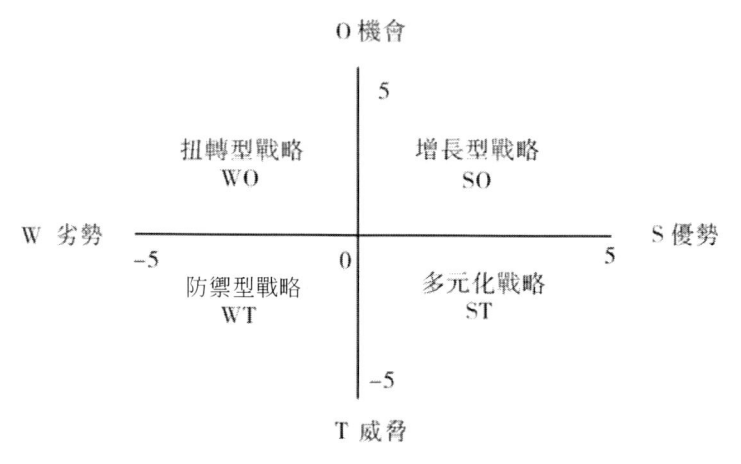

图 2-14 SWOT 戰略選擇

SWOT分析圖劃分為4個象限，根據企業所在的位置不同，採取不同的戰略。圖2-14提供了4種戰略選擇。處於右上角的企業擁有強大的內部優勢和眾多的機會，企業應採取增加投資、擴大生產、提高市場佔有率的增長型戰略。處於右下角的企業儘管具有較大的內部優勢，但面臨嚴峻的外部挑戰，應利用企業自身優勢，開展多元化經營，避免或降低外部威脅的打擊，分散風險，尋找新的發展機會。處於左上角的企業具有一些外部機會，但自身內部缺乏條件，應採取扭轉型戰略，改變企業內部的不利條件。處於左下角的企業既面臨外部威脅，自身條件也存在問題，應採取防禦型戰略，避開威脅，消除劣勢。

在運用SWOT分析法研究行業時，也可遵循類似的思考路徑，在內部優勢與劣勢分析上也同樣可以從規模、增長、成長

性、盈利情況等角度展開，只是行業的外部機會與威脅更多來自宏觀經濟、國家政策、技術替代等的影響，而非競爭對手帶來的威脅。

2.2.3.4 競爭能力分析

以波特五力模型為基礎，可以對行業研究中的目標公司進行競爭能力分析，具體分四步，如圖 2-15 所示。

細分行業 > 識別競爭對手 > 評價戰略及影響 > 概括競爭雙方優劣勢

圖 2-15　競爭能力分析

第一步：明確定義行業，將目標行業進行細分。例如，將計算機行業細分為計算機服務、數據網路、互聯網、個人電腦硬件等。

第二步：針對每個競爭對手，都要評價它的商業戰略及其對目標公司的影響。

第三步：將目標公司劃分到細分的子行業中去，明確目標公司的競爭公司。

第四步：綜合考慮各種因素，概括出行業參與者各自的優勢與劣勢。

每一行業都可以從企業的創新能力、管理水平、生產營運狀況、營銷能力等方面找出一些主導成功的因素，研究過程中必須考察目標公司在上述幾個方面和競爭公司的相對情況。

2.2.3.5　4P 分析法（市場環境分析）

4P 理論產生於 20 世紀 60 年代的美國，是隨著營銷組合理論的提出而出現的。營銷組合的四大元素通常稱之為 4P，即產品（Product）、價格（Price）、促銷（Promotion）、渠道（Place）。這四種營銷策略被廣為運用。在行業研究中，4P 分析法通常被運用於對市場環境的分析，如表 2-10 所示。

該理論以單個企業作為分析單位，認為有兩種影響企業活

動效果的因素，即可控因素與不可控因素。

表 2-10　　　　　　　　企業市場環境分析

可控因素	不可控因素
產品（Product）、價格（Price）、促銷（Promotion）、渠道（Place）	社會、人口、技術、經濟、環境、自然、政治、法律、道德、地理
內部環境	外部環境

不可控因素是企業不能夠控制的，如社會（Social）、人口（Demographic）、技術（Technological）、經濟（Economic）、環境（Environmental）、自然（Natural）、政治（Political）、法律（Legal）、道德（Ethical）、地理因素（Geographical Factor）等環境因素。這也是企業所面臨的外部環境。

可控因素是企業可以控制的，包括產品、價格、促銷、渠道等營銷因素。企業營銷活動的實質是一個利用內部可控因素適應外部環境的過程，即通過對產品、價格、促銷、渠道的計劃和實施，對外部不可控因素做出積極、動態的反應，從而促成交易的實現和個人與組織目標的滿足。

在行業研究中，可以通過對行業企業外部因素、內部因素的分析梳理，判斷其特徵、存在的問題以及面臨的外部有利或不利的狀況。

2.2.3.6　鑽石模型

鑽石模型是由美國哈佛商學院著名的戰略管理學家邁克爾·波特在 1990 年提出的，該模型最初被用於國家某產業在國際上的競爭力分析，慢慢地也被應用在產業研究領域。波特認為，一個國家的某些產業要在激烈的國家競爭中嶄露頭角，可以從四項內生因素來討論，包括生產要素條件、市場需求條件、相關產業與支持性產業以及企業策略、結構與競爭內生因素。在這四項因素的交互作用下，可能會加強本國產業創造競爭優

勢的速度，也有可能成為產業發展停滯不前的原因。

具體來看，生產要素條件在競爭優勢中具有關鍵重要性影響，通常分為人力資源、資本資源、知識資源、天然資源和基礎設施。這些生產要素有些是天然具備的，有些則需要長期開發與培育。波特認為，長期開發培育更具重要性，也是形成國家產業競爭力的主要來源。

需求條件是指市場對該產業所提供的產品或服務的需求規模與形態。該條件具有廣泛影響力，包括國內市場的性質（如國內客戶需求的區域結構、需求特性等）、需求規模和成長速度、需求國際化情形（如是否具有跨國性的客戶以及對外市場的影響）。一方面，需求條件通過需求規模促使企業達到規模經濟並實現生產效率；另一方面，國內客戶對產品品質的要求也會促使企業做出更多的創新與革新。

國內相關產業與支持性產業之間具有生產經營上的互補性，當特定產業上下游的相關產業能夠發展得更加健全且更具有競爭優勢時，此產業在國際市場的競爭中將更具優勢。除了相關產業與支持性產業本身具有競爭優勢之外，產業之間的互動關係，尤其是企業之間的協調、合作，與研發成果之間的外溢與擴散程度都會影響產業競爭力。

企業策略、結構與競爭包括企業在一個國家的基礎、組織與管理形態以及國內市場競爭對手的表現。企業的策略與結構經常受到社會、文化、歷史等因素的影響，並呈現出不同的樣貌，表現為產業內的競爭，便形成不同的競爭形態。競爭程度越劇烈，就表示國內的競爭對手給予產業內競爭廠商的直接壓力越大，因而淘汰不具效率的廠商，使企業具有面對更廣闊國際市場發展的動力，當然也就有助於產業整體的國際競爭力的提升。而國家競爭優勢便是建構在各種差異條件下的最佳組合模式，其考察的重點包括該產業企業策略管理形態與組織結構、企業目標、競爭情況以及員工個人的事業目標。

另外，外部因素也會對國家產業競爭力產生影響，並且與四項內生因素交互作用。政府往往通過資金直接補貼、金融市場政策、教育政策、影響（重要）購買者、建立行業標準規範以及設定游戲規則等方式，與上述四項內生因素形成互動，從而發揮作用。機會也是影響國家產業競爭力的重要因素。機會與一國環境無關，並非企業內部能力，也不受政府影響，通常包括基礎科技的發明與創新、傳統科技的斷層、生產成本突然提高、金融市場或匯率發生重大變化、全球或區域市場需求劇增或萎縮、外國政府的重大決策以及戰爭。機會可能打斷事物發展的進程，使原來處於領先地位的企業喪失競爭優勢，或者使落后國家企業順應局勢變化，利用新機會獲取競爭優勢。不過機會對競爭優勢的影響不是決定性的，同樣機會給不同企業帶來不同結果，能否利用或者如何利用，還取決於上述四項內生因素。

綜上所述，六項因素交互作用的圖形看起來像一個菱形鑽石（見圖 2-16），因此被稱為「鑽石模型」。

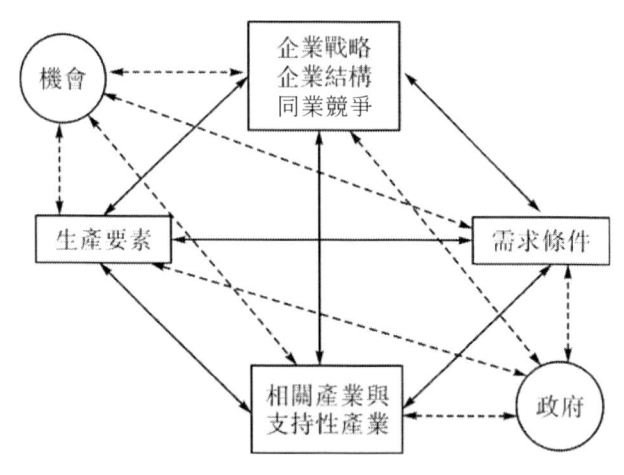

圖 2-16　國家競爭力鑽石模型

2.3 行業研究框架

當讀完各種報告、收集完各類資料以及做完訪談后，我們需要根據收集到的所有信息搭建框架、進行重構，這是一個將所有的碎片化知識進行重塑的過程，並盡量用較少的維度能概括總結出行業的共性、特性，發現其中的本質規律。行業研究的難易程度因行業不同而有所差別，壟斷性行業的研究與競爭性行業的研究不同，主導性行業的研究與配套性行業的研究也不同。下面列舉三類研究框架，以作參考。

2.3.1 投資類行業研究框架

2.3.1.1 行業概述

第一，行業界定與分類：行業定義、行業分類。

第二，行業發展歷程：國外發展歷程、國內發展歷程。

2.3.1.2 行業發展特性

第一，行業發展現狀。

第二，行業發展週期：經濟週期、生命週期。

第三，產業鏈情況：產業鏈分析、價值鏈分析。

2.3.1.3 行業政策導向

第一，國家政策、產業規劃、區域規劃等。

第二，行業相關標準與規範等。

第三，未來政策導向及對行業的影響。

2.3.1.4 行業市場分析

第一，行業市場容量及增速。

第二，行業市場細分。

第三，行業供需分析。

2.3.1.5　行業競爭狀況

第一，行業競爭格局。

第二，行業盈利水平。

第三，主要競爭者。

2.3.1.6　行業技術發展

第一，行業國內外技術特點。

第二，行業關鍵核心技術。

第三，行業技術發展趨勢。

2.3.1.7　行業發展模式

第一，行業商業模式。

第二，發展模式方向。

2.3.1.8　行業資本市場

第一，行業國內外資本市場情況及相關上市公司。

第二，重點上市公司研究與分析。

2.3.1.9　行業關鍵因素

第一，行業進入壁壘。

第二，行業發展關鍵因素。

2.3.1.10　行業發展趨勢

第一，行業驅動因素。

第二，行業發展趨勢、短期趨勢、中期趨勢、長期趨勢。

2.3.2　S-C-P 分析框架

2.3.2.1　行業概述

第一，行業定義。

第二，外部影響分析（政策、技術）。

一是政策法規、行業管理模式。

國內對行業的管理性政策法規、行業促進政策等；

國內行業管理、促進政策對行業的影響分析（實例）；

國外成功的行業管理模式（政策法規）。

二是技術發展趨勢。

主要技術術語、簡寫和解釋；

國際技術走向、發展前景分析；

國際技術領先的國家、公司的名稱、簡介、技術領先之處；

國內技術水平、發展趨勢、與國外的技術差距；

國內技術領先公司的名稱、簡介、技術領先之處。

三是國內、國際宏觀經濟走勢。

四是人口、社會與文化。

2.3.2.2 市場結構分析（S）

第一，行業供給分析。

一是行業業務模式分析（資本集中度、利潤來源、進入或退出壁壘）。

行業企業資產主要存在形式（固定資產、人力資源、流動資金、技術產權）；

經營成本、費用主要發生形式（人力、關鍵原材料）；

經營固定成本、可變成本結構；

行業利潤來源（產品流動差價、技術產品銷售、使用權轉讓）；

行業進入或退出壁壘（進入者要具備的主要資源，如技術、資金、管理）；

行業整體供給情況（供不應求、供給過剩）、增長速度（年度增加的供應商數量、產能）、供給發展趨勢分析。

二是行業集中度、競爭態勢分析。

行業廠商總數、最大的 3~5 家廠商規模占行業規模的比重（銷售額、資產、人員）；

行業大廠商盈利模式、競爭優勢分析（給出實例）；

行業小廠商盈利模式、競爭優勢分析（給出實例）。

三是行業中的外國企業競爭模式分析。

合作模式（合資、合作、獨資）和原因分析；

國家對外資進入該行業的規定；

外國企業數量、規模占行業規模的比重、外國企業產品的市場佔有率；

外國企業競爭優勢分析。

第二，行業需求分析。

一是對行業產品的需求規模、增長率以及原因進行分析。

二是行業替代品的種類、規模、可替代性分析。

行業產品替代品的種類、涉及行業（及行業編號）；

替代品替代行業產品的規模、增長率；

替代品與行業產品的優劣比較、替代性分析。

三是對產品需求的變化週期及特點的分析。

四是需求細分市場分析。

需求市場細分的標準、各細分市場的特點；

各細分市場的大概規模、變化趨勢；

針對細分市場可能存在創新進行分析，舉出案例。

第三，行業價值鏈和相關行業分析。

一是上游行業分析。

供應商行業的名稱（以及行業編號）、簡介；

供應商行業的討價能力分析；

供應商行業的集中度、最大的廠商分析；

本行業對供應商的依賴度分析（行業需要的技能、資源、利潤來源是否與供應商關係密切）；

供應商對本行業的依賴度分析（供應商需要的資源、利潤

來源是否與本行業關係密切，供應商的替代性，本行業是否是唯一的採購者）。

二是下游行業分析。

顧客行業的名稱（及行業編號）、簡介；

顧客行業的討價能力分析；

顧客行業的集中度、最大的採購商分析；

本行業對顧客行業的依賴度分析（行業需要的技能、資源、利潤來源是否與顧客行業關係密切，行業產品的替代性）；

顧客行業對本行業的依賴度分析（顧客廠商需要的技能、資源、利潤來源是否與本行業關係密切，本行業是否是唯一的供應者）。

三是相關行業分析。

相關行業的類別（替代性、補充性、服務性）、名稱（以及行業編號）、簡介；

行業關係分析；

相關行業廠商與本行業廠商關係分析（共同提供服務、協作開發、經銷本行業產品、提供增值服務）；

行業的規模、主要廠商、競爭力分析；

對相關行業的對策分析（聯盟、收購、擠壓、轉型）。

2.3.2.3 競爭者行為分析（C）

第一，營銷行為。

一是行業典型營銷模式介紹。

行業新產品出現速度、創新速度；

行業定價規則（如按人、按天、按節點數等）、平均價格水平、平均單次銷售規模；

典型廣告、促銷方式，即讓顧客知道企業的方式；

典型分銷方式，即將產品送達顧客的方式。

二是營銷創新分析。

三是行業中營銷大事記。

第二，生產行為。

一是行業典型生產模式介紹。

行業平均生產規模；

產能變化經常採取的手段（合資、收購、合作開發）。

二是行業中產能變化（進入、購並、退出）大事記。

第三，行業擴張行為。

一是行業對周圍行業的擴張力度分析。

是否是強勢行業；

可能整合的行業（上游、下游、縱向整合）；

整合后對行業的價值（降低成本、加強服務、減少潛在競爭者、獲得關鍵技術）。

二是行業擴張大事記。

第四，行業主要廠商分析。

2.3.3 諮詢類行業研究框架（A）

2.3.3.1 行業概況

第一，行業的界定與分類。通過界定與分類，明確行業研究的範圍及相關產業。

第二，行業規模與結構分析。行業規模化、集中化，行業結構涉及的行業的資本結構、市場結構等內容。一般來說，其主要是行業進入壁壘和行業內競爭程度。

第三，行業進口與出口狀況。

第四，國內外同行業狀況分析。主要是中國與發達國家行業的比較。

第五，行業特點歸納。例如，市場需求增長、行業集中化程度提高、產品結構優化、需求集中在中檔產品、高端發展趨勢、合資與獨資占據高端，等等。

2.3.3.2　行業環境

第一，產業政策。

第二，行業管理體制。

第三，行業投資狀況。

第四，行業技術替代。

第五，行業原材料情況。

第六，行業相關因素影響。例如，原材料、出口稅率、人民幣匯率、物流成本等。

2.3.3.3　產品狀況

第一，行業內主要產品產銷情況。

第二，行業內主要銷售模式。

第三，市場需求變化。

第四，行業細分市場情況。

2.3.3.4　企業狀況

企業需要瞭解企業所處的外部環境、競爭格局以及外部的潛在變化，同時也需要瞭解行業內領先企業的營運模式。信息的不對稱必將導致行為決策的盲目，深入瞭解競爭對手各個方面的信息，總結歸納其成功的關鍵驅動因素，有利於企業經營戰略和經營目標的制定。

第一，行業集中度狀況。

第二，行業企業特徵及需求。

第三，領先企業研究。這包括企業性質、員工規模、成立時間、經營狀況、經營範圍、生產能力、經營優勢等。

領先企業核心競爭力分析矩陣如表 2-11 所示。

表 2-11　　　　領先企業核心競爭力分析矩陣

	技術實力	市場營銷	產品特色	產品質量	人才隊伍	規模效應	品牌優勢
企業 1							
企業 2							
企業 3							
企業 4							

第四，關鍵成功因素。這包括品牌建設、成本控制、技術創新、營銷策略等。

2.3.3.5　趨勢對策

第一，市場發展趨勢。

第二，技術發展趨勢。

第三，國家發展規劃。

第四，體制改革計劃。

第五，企業發展對策。在對行業產品競爭對手及產業政策等方面進行分析的基礎上，對行業的現狀進行總結歸納，對行業發展趨勢做出判斷，最后為企業發展戰略提供參考依據。

2.3.4　諮詢類行業研究框架（B)

諮詢類行業研究框架如表 2-12 所示。

表 2-12　　　　　　　　諮詢類行業研究框架

結構層次	主要內容	所研究、解答的問題
第一部分 產業透視	・產業起源、定義與分類 ・產品特性與產業特性 ・產業投資特性及其跨行業比較分析	・產業（發展）特性 ・盈利性、成長性、成長速度、附加值的提升空間 ・進入壁壘、退出機制 ・風險性 ・建設週期 ・要素密集性 ・行業發展週期階段與歷史 ・關聯產業發展
第二部分 現狀分析 與需求分析	・國外同類行業、市場的發展狀況和進出口戰略等	・生產數量、結構、企業數量變化 ・進出口狀況 ・進出口產品結構、主要進出口國家和地區 ・影響要素、來自於進口的供給等的狀況、變化及其原因
	・國內市場現狀、重點細分市場、重點地區市場的分析	・子行業、區域市場、產品細分市場的產銷狀況、增長情況、最新變化及原因 ・行業規模 ・進出口對國內市場的影響 ・進出口發展趨勢等
	・產品需求、市場應用分析	・需求的直接來源，如行業、市場需求影響因素、需求數量模型推算 ・需求結構——市場細分與細分市場規模的分析基礎，如應用領域、技術等級、客戶定位等 ・消費者分析及目標客戶分析，如目標客戶定位分析、需求變化規律、消費習慣、消費偏好、目前消費實力、消費水平
	・關聯產品與替代產業、產品的銷售情況（即價格行情分析）	・原材料、價格走勢分析 ・替代產品銷售情況 ・各主要區域市場銷售情況等

表2-12(續)

結構層次	主要內容	所研究、解答的問題
第二部分 現狀分析 與需求分析	・銷售渠道	・渠道構成 ・銷售貢獻比率 ・覆蓋率 ・銷售渠道效果 ・價值流程結構 ・渠道的銷售成本 ・渠道建設方向等
	・技術標準與規範	・現行技術 ・技術研發進展、替代產品與技術 ・技術研發方向與動向、研究開發投入變化情況 ・行業技術標準（標杆）
第三部分 競爭格局	・行業、市場競爭的格局構成	・市場佔有率的構成 ・主要企業的經營定位 ・競爭格局的特點 ・不同性質的企業市場佔有率及變化（國有、民營、外資） ・不同企業的市場佔有率及變化 ・不同產品的市場佔有率及變化 ・產業集中度
	・競爭格局發展預測	・影響因素——最主要的因素是市場需求與實力 ・國家產業結構調整政策 ・行業結構調整的方向 ・競爭中的國家政策因素 ・競爭格局的發展趨勢 ・國家產業扶植政策、稅收等相關政策的分析 ・世界貿易組織等因素影響分析
	・主要企業分析	・行業內企業數量及變化 ・行業生產能力及變化 ・行業領先的前20名企業介紹、企業分組分析 ・子產業領先的5個企業的基本情況、產品定位、市場定位、科研開發與市場操作、銷售情況、市場拓展方式、資金籌措方式、戰略舉措、企業兼併與重組、前景與不足等

表2-12(續)

結構層次	主要內容	所研究、解答的問題
第四部分 市場需求 規模分析與 產業趨勢 預測	・帶來商業機遇、影響企業產品開發、服務戰略與競爭戰略的產業大趨勢，根據各種趨勢變化的推演，對未來行業面貌進行大膽和科學的預測	・產品市場成長趨勢、需求變化趨勢 ・國際市場發展趨勢動態 ・要素市場變化趨勢 ・科研開發趨勢、替代產品的技術進展 ・行業產業格局變化趨勢 ・產業結構調整趨勢（方向） ・銷售渠道與銷售方式變化趨勢
第五部分 產業SWOT 因素分析與 產業發展 建議	・潛在商業機會與產業投資的發展對策	・SWOT分析——與標杆企業的實力對比及產業關鍵機遇與挑戰 ・市場發展的優勢（S）、劣勢或不足（W）、進入機會（O）、威脅（T） ・行業發展的宏觀對策 ・新進企業進入市場的策略 ・現有企業發展策略 ・未來3年行業發展趨勢預測、市場潛力預測
	・做大做強的模式與新的創意	・企業做大做強的策略 ・要素如何取得、進入壁壘如何打破 ・節奏與進程如何把握 ・銷售渠道的組織、成功與失敗的模式探討 ・如何進入市場，對目標市場的定位與主流市場的把握 ・臺上臺下的競爭手段 ・國外市場的進入策略與注意事項等
	・新的商業機會需要優秀的商業頭腦來發掘	・新的投資方向、投資機會 ・何以見得是投資機會，有多大市場規模（可以通過市場細分和需求變化、市場無邊界趨勢等來尋找新的未滿足的需求） ・商業運作的策略與注意事項
第六部分 附錄	・關鍵的補充資料	・主管單位介紹 ・主要經銷商 ・客戶名錄 ・相關科研單位 ・最新科研成果 ・最新動態補充 ・國外同行介紹等

3 行業研究案例
——中國乳業發展現狀與前景

當前，中國乳業面臨著複雜的發展局面。一方面，隨著全球乳業一體化進程加速，中國乳業面臨國外品牌商的衝擊，特別是嬰幼兒奶粉市場以及大包粉原料對國內乳業上游原奶供應商的影響；另一方面，國內乳業整體需求增速放緩，同時收入提高催生消費升級，迫切要求品牌商向產品高端化、個性化方向發展。這些都在深刻影響著中國乳業的發展，並為中國乳業企業提出了新的機遇和挑戰。

自2008年「三聚氰胺事件」以來，乳品行業通過努力整頓、產品升級、加強源頭監管，全產業鏈質量監管體系日趨完善，質量安全水平大幅提升。但是消費者信心恢復需要較長的考察期，中國乳品需求增速之路仍舊漫長。特別是隨著乳品進口條件放寬，國外乳業品牌對國內品牌形成衝擊，在未來幾年中國乳業企業特別是乳業上游原奶供應商、嬰幼兒奶粉品牌商日子並不好過。

在這樣的內外環境下，中國乳業全行業虧損面已經超過50%，盈利企業也多數處於利潤微增狀態。不過行業龍頭企業業績表現良好：行業集中度逐步提升，前十大品牌集中度已達到65%，行業龍頭伊利、蒙牛再次列入2016年年度「全球乳業20強」榜單，伊利排第8名，蒙牛排第11名。

乳業企業要走出這樣的低谷，一方面，依賴中國乃至全球

宏觀經濟的恢復；另一方面，也需要自身加強產品質量管理，提升消費者信心，同時做好產品轉型結構升級，以適應新時期消費需求的轉變。

3.1 行業現狀

3.1.1 行業定義

根據國家統計局的統計標準，乳製品製造是指以生鮮牛（羊）乳及其製品為主要原料，經加工制成的液體乳及固體乳（乳粉、煉乳、乳脂肪、干酪等）製品的生產活動，不包括含乳飲料和植物蛋白飲料生產活動。

3.1.2 細分類別

國家質量監督檢驗檢疫總局對乳製品進行了分類描述，即乳製品是指以乳為主要原料加工而成的食品，如巴氏殺菌乳、滅菌乳、調制乳、發酵乳、干酪及再制干酪、稀奶油、奶油、無水奶油、煉乳、乳粉、乳清粉、乳清蛋白粉和乳基嬰幼兒配方食品等。

恒天然集團將這些產品按生產使用與消費使用分為兩大類：

第一，日常營養類，包括家庭營養品和高級營養品。這類產品通過不同的製作工序，使用包括奶粉、奶油製品、黃油、奶酪、酪蛋白、乳糖、乳清蛋白粉以及嬰幼兒配方成分在內的商品和原料產品加工而成。這類產品通常作為原料被供應至國際食品和藥品公司，生產附加值更高的產品。

第二，消費品牌產品。消費品牌產品包括品牌乳製品，如鮮奶、風味奶、營養奶粉、奶酪、酸奶、黃油、奶油和冰激凌。

消費品牌產品一般是用本地原奶或進口的乳品原料生產而成。其中，鮮奶是指低溫奶（巴氏殺菌乳）及常溫奶（滅菌乳）。

3.1.3 行業發展概況

3.1.3.1 牛奶產量

中國牛奶產量近幾年增幅不大，2015年，牛奶產量為3,870萬噸，同比增長3.9%，相比2008年僅增長了2.3%。其快速增長期為2002—2007年，年均增幅達22.08%，如圖3-1所示。

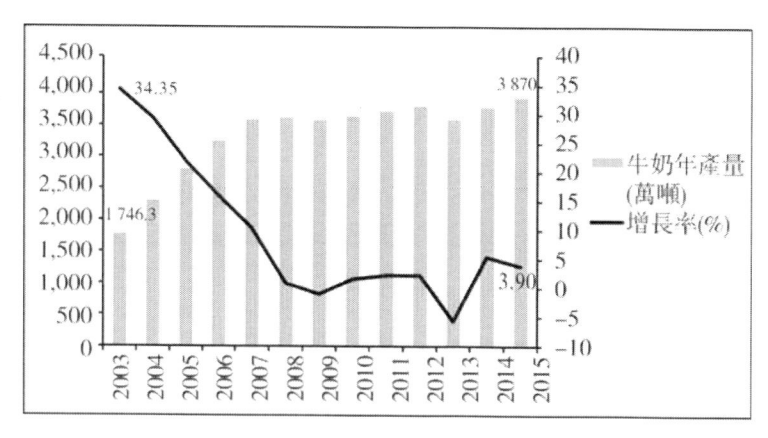

圖3-1 2003—2015年中國牛奶產量情況

數據來源：國家統計局網站

雖然中國牛奶年產量增速下滑，但其產量已居世界第三位，位於印度（17.30%的份額）和美國（11.60%的份額）之後，約占全球總產量的4.80%（見圖3-2）。

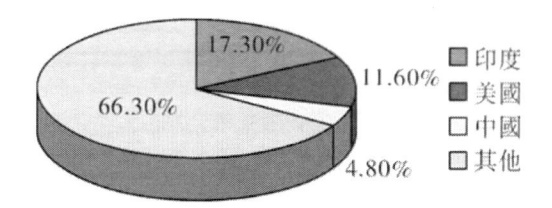

圖3-2 中國牛奶產量占世界比重

數據來源：國際奶業聯盟（IDF）

3.1.3.2 乳製品產量

2015 年，中國乳製品產量為 2,782.5 萬噸，同比增長 4.6%，比 2008 年增長 54.5%。其中，液態奶產量 2,521 萬噸，占乳製品總產量的 90.6%，同比增長 4.7%；奶粉產量 142 萬噸，占乳製品總產量的 5.1%，同比下降 4.5%（見圖 3-3）。

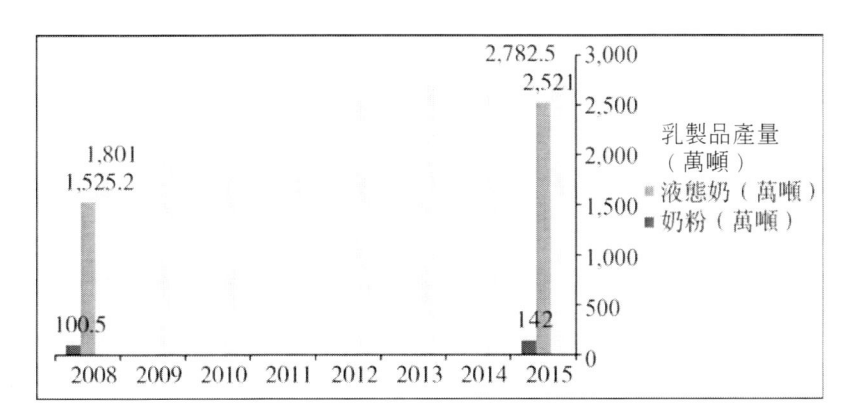

圖 3-3　2008—2015 年中國乳製品產量變化情況

數據來源：國家統計局

3.1.3.3 銷售及盈利

2015 年，中國規模以上乳製品加工企業銷售總額為 3,328.5 億元，同比增長 1.7%，比 2008 年增長 132.6%；利潤總額為 241.7 億元，同比增長 7.7%，比 2008 年增長 499.8%（見圖 3-4）。

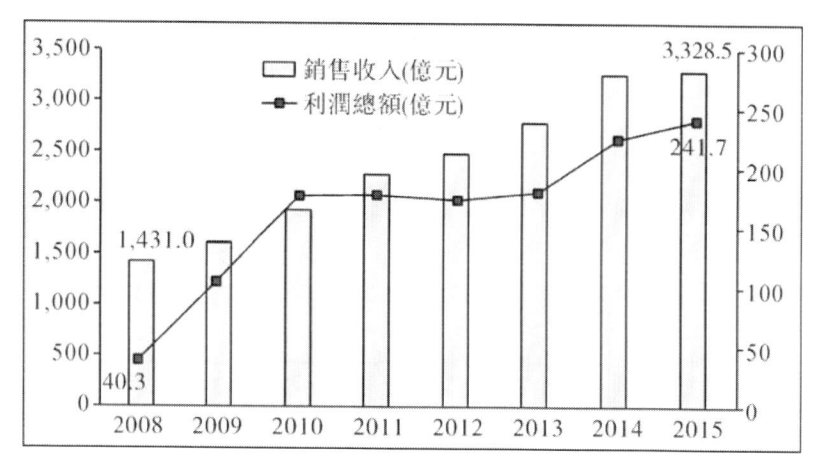

图 3-4　2008—2015 年中國乳製品加工行業銷售和利潤情況

數據來源：國家統計局網站

3.1.3.4　與國外消費水平的差距

由圖 3-2 可知，中國牛奶產量已居全球第三位，但是人均乳製品消費水平仍低於世界平均水平。聯合國糧食及農業組織（FAO）的數據顯示，世界人均生鮮乳消費量為每年 105 千克，中國僅為每年 36 千克，差距顯著，表明中國乳製品市場有較大的需求前景。如圖 3-5 所示。

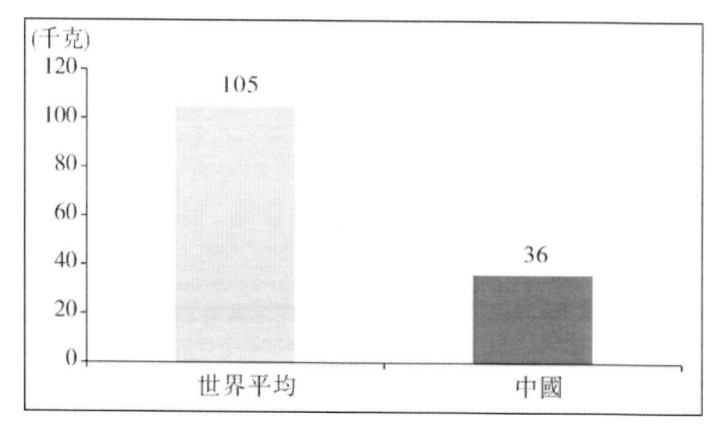

圖 3-5　2015 年人均乳製品折合生鮮乳消費量

數據來源：聯合國糧食及農業組織（FAO）

圖 3-1 顯示，中國牛奶產量自 2008 年開始進入低速增長期。這一方面源於城市牛奶需求量的日益飽和，另一方面也是由於受到 2008 年「三聚氰胺事件」的影響，消費者對國產乳製品的消費信心受挫，對中國奶業造成嚴重衝擊。圖 3-6 表明，城鎮居民家庭人均鮮奶購買數量在 2008 年發生銳減，從 2007 年的 17.8 千克降至 2008 年的 15.2 千克，其后多年穩步下降，至 2012 年開始回升至 14 千克。而農村居民乳製品消費市場因尚未成長起來，2012 年人均消費量僅為 5.3 千克。從圖 3-6 中可以看出「三聚氰胺事件」對乳製品消費有一定影響，延緩了城鄉居民乳製品消費增長的態勢。

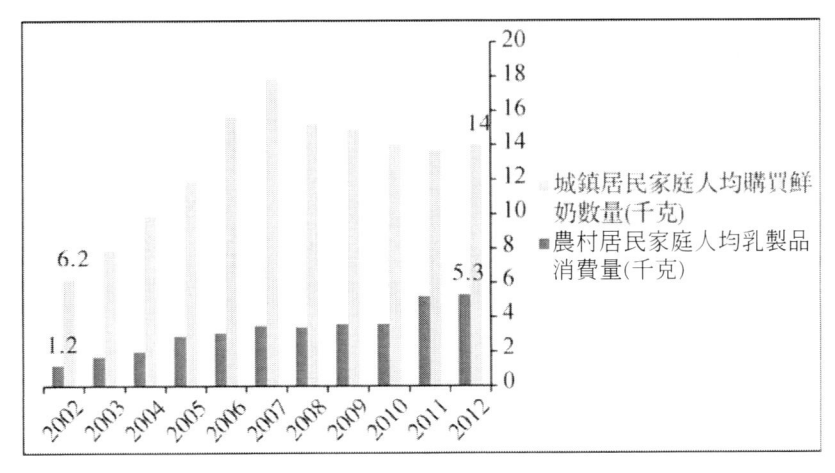

圖 3-6　2002—2012 年中國城鎮居民與農村居民乳製品消費比較
數據來源：國家統計局網站

2008 年，中國國家質檢總局公布對國內的乳製品廠家生產的嬰幼兒奶粉的三聚氰胺檢驗報告后，包括伊利、蒙牛、光明、聖元以及雅士利在內的多個廠家的一些批次的奶粉被檢出三聚氰胺超標。現今，要提升國民乳製品消費水平，就必須恢復消費者的信心，因此乳製品生產過程中的質量監管工作是行業發展的關鍵。

3.1.3.5　重要企業

2015 年 8 月 18 日，由農業部、中國奶業協會主辦的「中國奶業 D20 峰會」在北京召開，會議邀請了伊利、蒙牛、光明、飛鶴等國內乳製品行業中名列前茅的 20 家企業參會，宣布成立「中國奶業 D20 企業聯盟」。D20 企業名單如表 3-1 所示。

表 3-1　　　　　　中國奶業 D20 企業名單

內蒙古伊利實業集團股份有限公司	內蒙古蒙牛乳業(集團)股份有限公司
現代牧業（集團）有限公司	光明乳業股份有限公司
遼寧輝山乳業集團有限公司	內蒙古聖牧高科牧業有限公司
北京三元食品股份有限公司	中墾乳業股份有限公司
黑龍江省完達山乳業股份有限公司	君樂寶乳業有限公司
新希望乳業控股有限公司	黑龍江飛鶴乳業有限公司
貝因美嬰童食品股份有限公司	南京衛崗乳業有限公司
天津嘉立荷牧業有限公司	新疆西域春乳業有限責任公司
福建長富乳品有限公司	河南花花牛乳業有限公司
濟南佳寶乳業有限公司	西安銀橋乳業集團

這些企業在液態奶、奶粉等各個領域佔有較大的市場份額，也被政府寄予期望其能在「奶業質量安全及產業轉型」目標中做好表率，勇於承擔社會責任。

3.2　行業週期性與生命週期判斷

3.2.1　行業發展歷程

中國乳業經歷了計劃經濟時期政府行政命令主導發展到現

今的市場化競爭階段，從1980年的牛奶年產量114.1萬噸，到2015年的3,820萬噸，增長了32.48倍。通過1981—2015年牛奶年產量及其增速圖（見圖3-7），可以明顯地觀察到中國乳業發展緩慢、迅速、調整的各個階段。

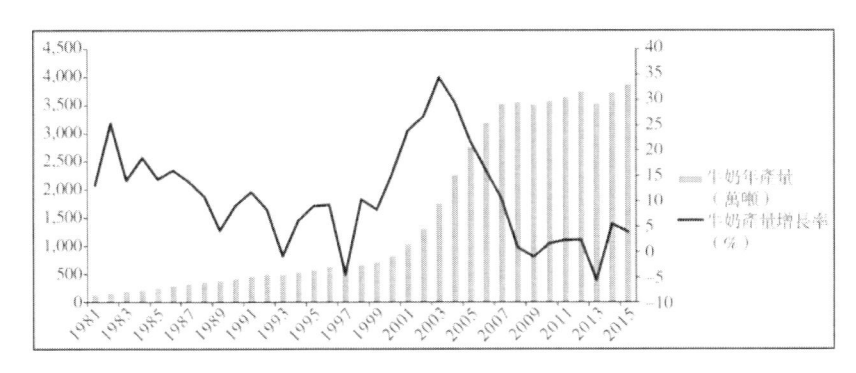

圖3-7 1981—2015年牛奶年產量及其增速

數據來源：國家統計局網站

1978—1989年，緩慢起步階段。這12年間，中國經濟市場化基本上是在原有的計劃經濟體制格局下展開的，計劃經濟仍占主導地位，市場化進程剛剛開始。這個階段政府在各地陸續興建了一批乳製品企業和奶源基地，並開始進行技術攻關和建立原始的行業標準。總體上，乳製品企業規模不大，以奶粉和巴氏消毒奶為主，年產量一直維持在300萬~400萬噸，其主要特徵就是國有為主、規模小而分散、計劃配給為主。

1990—1995年，市場化起步階段。1992年1月，中國乳製品工業協會第一次代表大會暨首屆年會在北京召開。1993年2月18日，內蒙古伊利實業股份有限公司成立。這一時期，國內消費品市場開始從賣方市場逐步向買方市場轉換，牛奶產量保持8%的增長速度（除1993年偶然下滑外）。

中國的乳製品奶源主要分佈在黑龍江、內蒙古、山東等畜牧大省，其他省份資源分散，因此導致很多企業奶源不足，而產業化的一條龍鏈式發展對很多企業來說只能是戰略構想，無

力也無法實施。不過從 1995 年起，雀巢、卡夫、達能、帕瑪拉特等國外乳業大亨先后在中國建立奶品生產基地和營銷網路，其帶來了資金、技術、先進的管理經驗。中國的乳品企業也正是在這段時期開始大規模發展的，從國外引進先進技術和設備，整體水平上了一個臺階。同時，中國乳業形成了大量的中小企業，有 3,000 多家中小乳製品企業。

1996—2007 年，快速發展階段。該時期，牛奶年產量達到 16.95%的年平均增長速度，中國乳業由一個「弱質產業」發展成為「朝陽產業」。1996—2000 年，居民消費結構處於重要的轉型期，隨著消費品更新換代節奏的加快，大眾消費觀念、消費能力和消費形態開始呈現多樣化、個性化和層次化特徵。在激烈的市場競爭中，本土企業快速成長，逐步形成品牌。1996 年，上海光明乳業有限公司成立，其依靠充足的資金和先進的管理理念，迅速躋身中國乳業企業的前三甲。1999 年 7 月，蒙牛集團由自然人出資成立，隨著蒙牛集團的快速成長，中國乳業市場格局也被其改變。隨著中國市場化程度的日益成熟，企業之間的競爭也越發激烈，同時國內乳製品行業產業鏈發展迅速且呈良性發展。

2008 年至今，緩慢調整階段。2008 年至今，中國乳製品消費受制於食品安全、價格上漲以及渠道等問題，消費增長有所放緩，年均增速僅 1.2%，出現發展瓶頸。雖然增速放緩，但乳業企業轉型加快，品牌企業從內部管理機制到外部資源投資佈局，從硬體設施建設到海外技術合作都取得較大進步。在轉型過程中，進口與國內加工及養殖矛盾、加工環節與養殖環節矛盾、乳業海外投資增加與國內投資減少的矛盾三大產業矛盾也在不斷交織（宋亮，2015）。

3.2.2 行業週期性

我們選取 2009—2015 年中國乳製品年增長率指標，反應行業增長情況，將其與中國國內生產總值增長率進行比較，可以觀察到（見圖 3-8），在大部分年份（除 2014 年外），乳製品行業增速與國內生產總值增速波動一致，並且乳製品行業波動幅度超過所有行業的平均波動情況，反應其週期性波動特徵，因此可初步判定其為週期性行業。

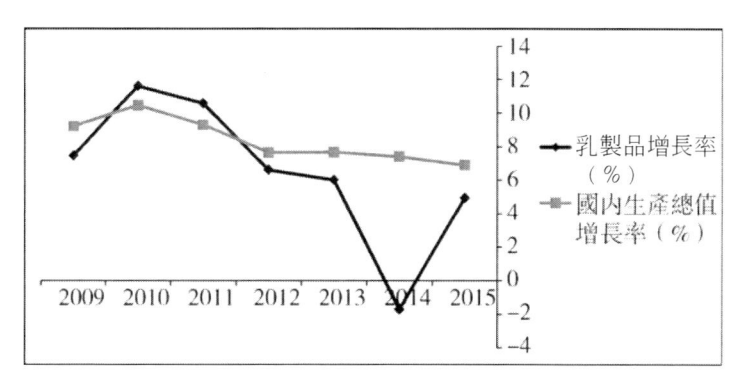

圖 3-8　2009—2015 年中國乳製品及國內生產總值增速比較

數據來源：國家統計局網站

3.2.3 行業生命週期階段

行業發展按其生命週期可以分為初創期、成長期、成熟期以及衰退期，由圖 3-8 可知，中國乳製品行業年均增速除在 2010 年、2011 年超過國內生產總值增速，其他時期都比國內生產總值增長率低，因此可以判定其當前並非處在成長期；通過計算 2009—2015 年行業平均增長率，發現其年均增速為 4%～12%。結合圖 3-7 牛奶產量年增長率的平穩增長情況，大致判定其處在成熟期。

不過，圖 3-6 顯示城鎮居民乳製品消費水平與農村居民乳

製品消費水平存在顯著差異，將其變化為折線圖進行比較（見圖3-9），可以看出，中國城鎮居民的乳製品消費雖然處在階段性飽和階段，但農村居民的乳製品消費仍在穩步增長，有待進入快速增長期。綜上所述，中國乳業的生命週期階段應處於成長期至成熟期階段。

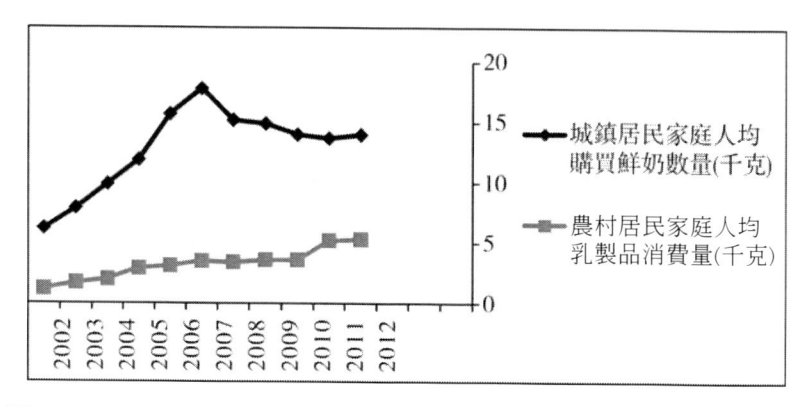

圖 3-9　2002—2012 年中國城鎮居民與農村居民乳製品消費水平比較
數據來源：國家統計局網站

3.3　產業鏈與價值鏈

3.3.1　產業鏈

3.3.1.1　產業鏈的構成

中國乳業產業鏈大致由牧草種植、飼料加工、奶牛養殖、生產加工、終端銷售五部分構成，並配備奶牛育種、繁育研究院和嬰兒營養研究院等專業服務機構以及機械設備、包裝、物流運輸等產業服務機構，如圖 3-10 所示。

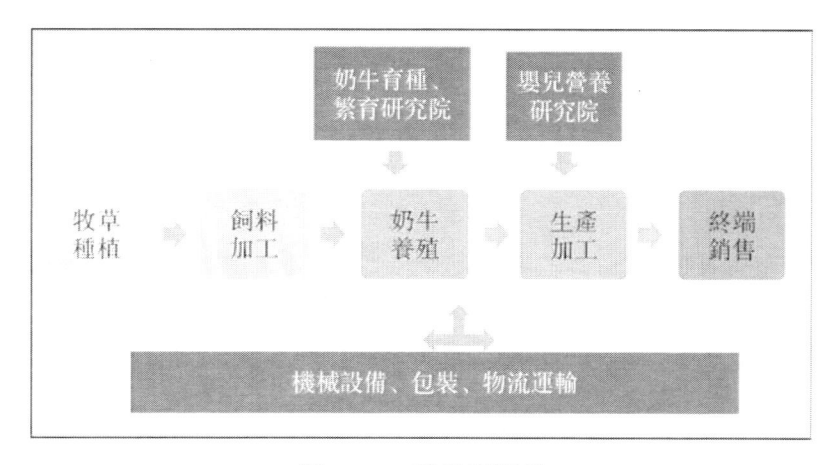

圖 3-10　乳業產業鏈

3.3.1.2　產業鏈運作方式

第一，國外情況。當前，世界上乳業發展程度較高和乳製品質量安全較好的國家有新西蘭、澳大利亞、美國、荷蘭等。從乳業產業鏈的橫向關係看，新西蘭、澳大利亞、美國、荷蘭等國乳業產業鏈呈現「收窄的等腰三角形」趨勢。最頂端為市場集中度較高的乳製品加工企業，數量少、規模大、市場佔有率高。乳製品加工企業經歷了不斷的兼併、重組與整合的過程，企業數量不斷減少的同時，大規模核心企業也不斷形成。等腰三角形的下端則是相對寬鬆的奶牛養殖戶，各國奶牛養殖戶也經歷了一個較長的數量不斷減少、規模和組織化程度不斷提高的過程。

從產業鏈縱向關係看，各國奶農、奶站和乳製品加工企業三個環節關係極為緊密。高度規模化和組織化的奶牛養殖戶，通過組建和入股乳業協會或合作社，進而通過乳業協會或合作社入股乳製品加工企業的方式，與乳製品加工企業之間形成緊密的生產和利益關係。緊密的縱向一體化協作在保障乳製品的質量安全方面意義重大，奶農與乳製品加工企業之間共同的利益激勵使得奶農能確保原料奶的質量安全，同時也使得奶農能

夠獲得與之相應的利益，即能夠實現生鮮乳的優質優價，合理的利益分配機制進一步激勵了奶農的安全生產行為。同時，乳製品加工企業也因與奶農之間緊密的利益和契約關係，獲得數量充裕、質量安全有保障的生鮮乳。

第二，國內情況。乳業產業鏈涉及原料奶生產、運輸、加工、銷售等多個環節，涉及奶農、奶站、乳製品加工企業和銷售商等多個主體。當前，奶農、奶站和乳製品加工企業三者是中國乳業產業鏈優化的關鍵環節，其中奶農和乳製品加工企業是重中之重。中國乳業產業鏈主體如圖 3-11 所示。

飼料企業 → 養殖小區／奶聯社／散養奶農／企業自建牧場／自營牧場 → 奶站 → 乳品加工企業 → 批發商 → 零售商

圖 3-11　中國乳業產業鏈主體

中國乳業產業鏈在橫向關係上雖然也形似新西蘭等國的「等腰三角形」，但是頂端的乳製品加工企業數量較多，是低程度寡頭競爭的市場結構，一批品牌商與眾多地方性乳製品加工企業在市場上激烈爭奪，產品價格壓得較低；處於三角形低端的奶牛養殖戶主體仍然是散養奶農戶，其數量眾多、規模小、標準化與規範性缺乏，相比新西蘭等國尚未實現規模效益，成本較高，並且風險承受能力不強。因此，乳製品加工企業對上游的議價能力較強，乳製品價格競爭的壓力更多地被上游環節承擔。

另外，相比新西蘭、澳大利亞、美國、荷蘭等國，中國奶牛養殖業不僅規模小、標準化程度低、奶農數量多，彼此之間還缺乏有效的組織與協調，建立的奶業合作社或協會在技術推廣和組織奶農方面作用有限，並且與乳製品加工企業的契約聯繫、利益分配影響方面也較弱。在產業鏈奶農、奶站、乳製品

加工企業三個關鍵主體間,部分乳製品加工企業延伸至上游奶牛養殖與牧草種植環節,設有企業自建牧場、自營牧場,與國外情況差別甚大。例如,在美國,大多數牧場是家庭牧場,僅有少數的非家庭牧場,也是由合作社經營的,而不是大企業從事養殖。

3.3.2 價值鏈

產業價值鏈的各個環節在增加值與盈利水平上存在差異。從乳業產業鏈各環節的成本收益率看,中國奶業產業鏈中的奶牛養殖、奶站收購、企業加工和超市零售四個環節的成本利潤情況極不平衡。其中,零售環節的成本利潤率高達24%;加工企業的成本利潤率為112.82%;奶站環節的成本利潤率為88.89%;養殖環節的成本利潤率最低,三種養殖方式平均只有19.66%(錢貴霞,2010)。然而,養殖環節的風險是整個產業鏈中最高的。這種高風險、低收益的畸形利益分配格局,或許就是中國奶業難以建立長效機制的根本原因。

新西蘭等國奶農、奶牛協會以及乳製品加工企業之間聯繫緊密,奶農與乳製品加工企業之間存在契約及利益分享。例如,在美國,乳製品加工企業一般由一些有影響力的乳業協會或合作社建立,由乳業協會或合作社控股;在新西蘭,乳製品加工業以牧場主或者奶農擁有的合作企業為主體,因此奶農能夠從乳製品銷售收入中得以分利,反過來促進其對奶源的建設及鮮乳品質保障。反思中國乳業,奶農與乳製品企業之間更多的是一種購銷關係,這種松散的契約關係,使得奶農難以分享優質原料奶的高收益,也就使奶農失去了生產優質原料奶的激勵。

3.4 行業供需分析

3.4.1 市場容量及細分

3.4.1.1 市場需求量保持增長，但增速放緩

在上部分行業概況中，我們瞭解到，2015年中國規模以上乳製品加工企業銷售總額為3,328.5億元，同比增長1.7%，比2008年增長132.6%；利潤總額為241.7億元，同比增長7.7%，比2008年增長499.8%（見圖3-4）。

從量上考察（見圖3-12），2015年中國乳製品消費量為2,957.9萬噸，同比增長4.19%，比2008年增長了61.83%。其中，進口品消費量逐年攀升，在2015年，進口量達到178.7萬噸，相比2008年增長了61.76%，超過乳製品產量及消費量的增長幅度，反應市場需求仍保持增長趨勢，尤其是對有品質保障的乳製品。

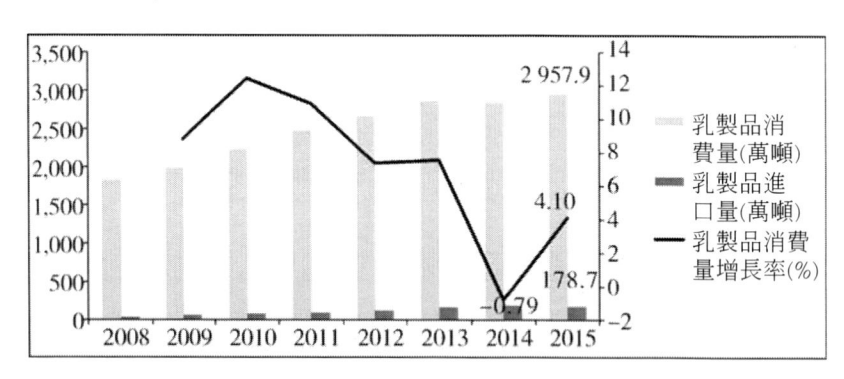

圖3-12 2008—2015年中國乳製品消費情況

數據來源：國家統計局、海關總署網站

但我們也可以明顯觀察到，乳製品消費量從 2010 年開始增速放緩，甚至在 2014 年出現負增長，2015 年恢復增長，增長率為 4.1%。

3.4.1.2 細分市場增長呈現差別

雖然乳製品消費量總體上增速放緩，但不同細分市場需求增長呈現差異，並且部分細分市場消費需求增長強勁。根據乳製品產品細分類別，乳製品包括液態奶、干乳製品、嬰幼兒配方奶粉、其他相關製品、乳糖、酪蛋白、白蛋白。液態奶是指鮮奶（包括常溫奶、低溫奶以及調味乳）、酸奶；干乳製品是指奶粉、煉乳、乳清、奶油、干酪。

所有類別中，消費占比較高的分別是液態奶及干乳製品，從圖 3-13 可以看到，液體奶總體保持增長，但是干乳製品總量從 2014 年開始逐步下降，2015 年液態奶消費量為 2,568 萬噸，同比增長 5.55%，干乳製品消費量為 375.29 萬噸，同比下降 6.2%。

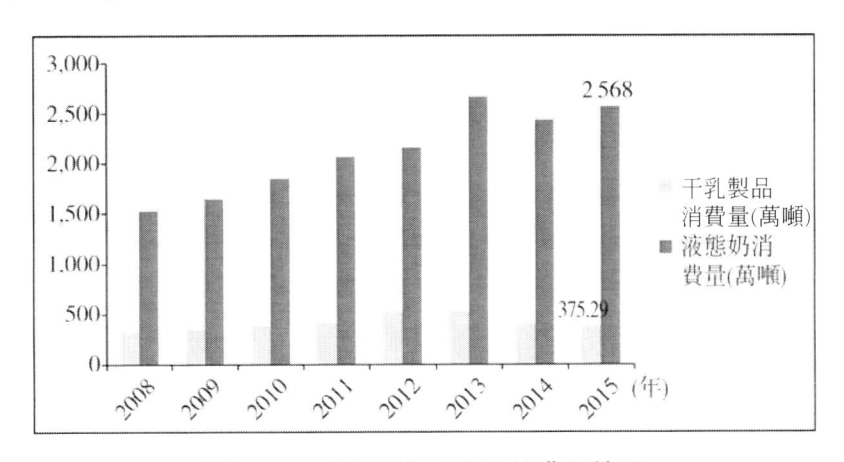

圖 3-13　乳製品細分類別消費量情況

數據來源：國家統計局、海關總署、GTIS 數據

不同於國外，液態奶的消費占比遠高於干乳製品，以 2015 年為例，液態奶消費量占比達到 86.82%（消費量＝產量＋進口

量-出口量)。從 2008—2015 年歷年乳製品消費占比圖示 (見圖 3-14) 也可以看出,液態奶保持消費主體地位,同時緩慢增長,而干乳製品消費地位略有下降。

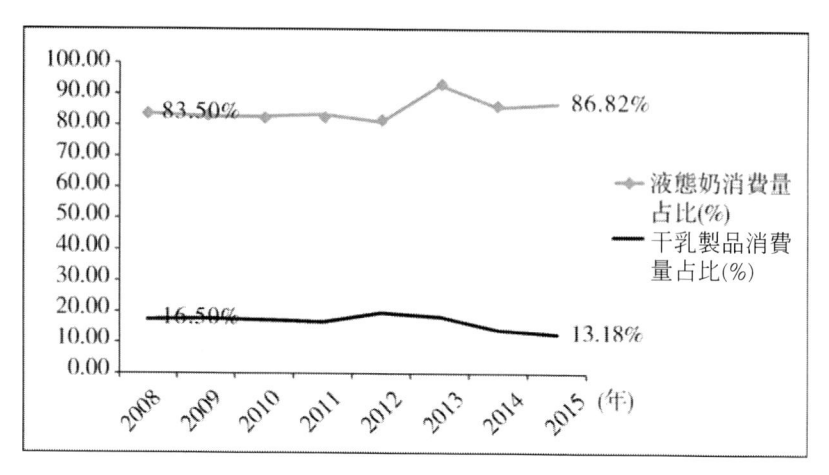

圖 3-14 乳製品細分類別消費占比

數據來源:國家統計局、海關總署、GTIS 數據

行業分析機構 CLAL 發布的最新統計數據也表明,2013—2015 年,中國人均液態奶消費量上升了 9%,與此同時,奶粉的消費量卻下降了 17%。把時間拉長到 5 年,人均液態奶消費量上升了 35%,但全脂奶粉消費量卻維持低迷。

液態奶中的常溫奶與低溫奶增長態勢迥異,2015 年液態奶整體的增長速度是 5%,其中常溫奶的增速只有 2.7% 左右,而低溫奶特別是低溫酸奶的增長達到了 10.5%,乳酸菌飲料的增長也超過 7%。總體來看,低溫奶的增長速度要大於常溫奶(侯軍偉,2016)。

3.4.1.3 進口增勢強勁

海關總署數據顯示,中國乳製品進口量從 2009—2014 年始終保持增長(見圖 3-15),由 2008 年的 38.7 萬噸增至 2015 年的 178.7 萬噸,年均增速為 24.43%,2009 年當年同比增長率高達 67.96%,至 2014 年增速開始下滑,並且在 2015 年增速為

−7.62%。不過其液態奶進口量增速仍維持在高位，2015年增長率達42.81%。

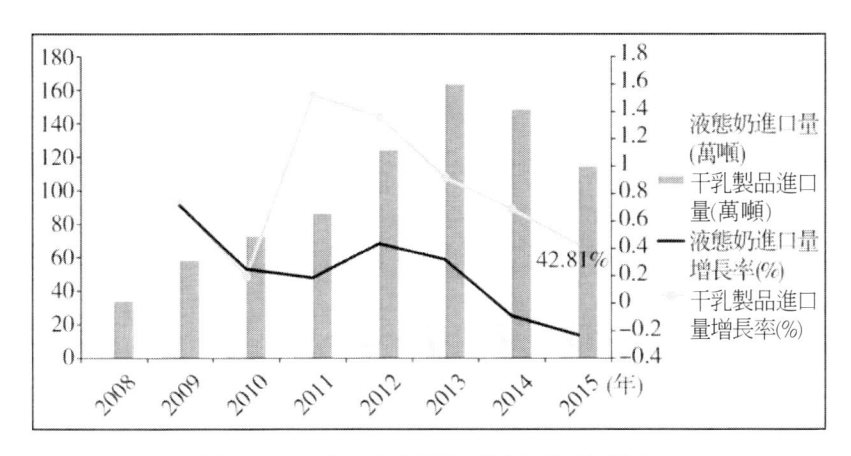

图3-15 進口乳製品細分類別歷年情況

數據來源：國家統計局、海關總署網站

相關數據表明，2013—2015年，中國乳酪進口量增長了60%，黃油進口量增長了36%，嬰兒配方奶粉進口量增長了57%，液態奶進口量則飆升了150%，只有全脂奶粉和脫脂奶粉進口量持續下降。根據GTIS的數據，可進一步瞭解乳製品進口類別結構及其變化情況（見圖3-16）。

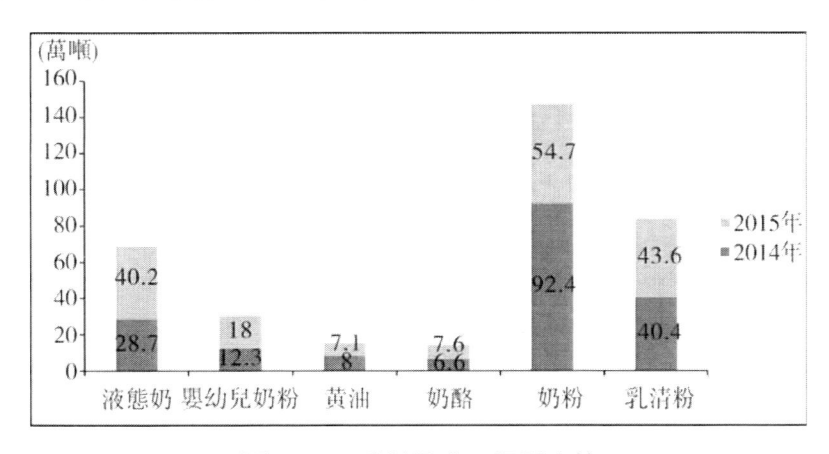

图3-16 乳製品進口類別比較

數據來源：GTIS數據

從進口來源國看，2015 年乳製品進口量排名前五位的分別是：新西蘭 64.1 萬噸，占比為 35.9%；美國 26.7 萬噸，占比為 14.9%；德國 26.5 萬噸，占比為 14.8%；澳大利亞 12.4 萬噸，占比為 6.9%；法國 11.9 萬噸，占比為 6.7%。其他國家共 37.2 萬噸，占比為 20.8%（見圖 3-17）。

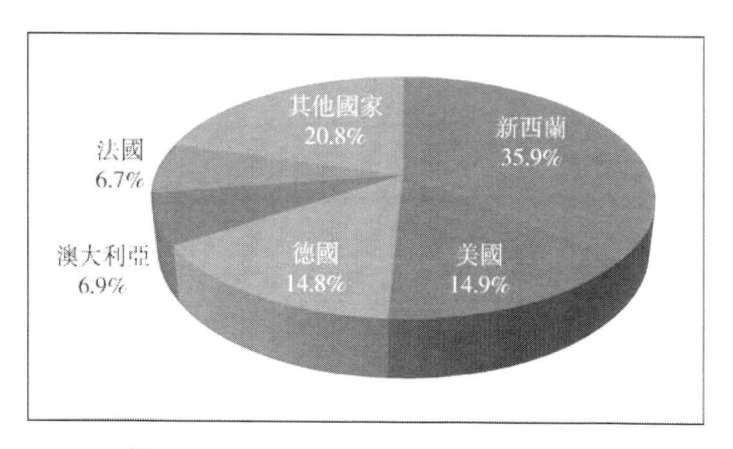

圖 3-17　2015 年中國進口乳製品來源國

數據來源：海關總署網站

乳製品出口表現則不如人意，從 2008 年、2009 年的高位急遽下滑，2009—2010 年，出口量從 11.2 萬噸降至 3.4 萬噸。到 2015 年，中國乳製品出口總量為 3.3 萬噸，尚未恢復增長；出口總額為 0.45 億美元，同比下降 40.0%，比 2008 年下降 85.1%。中國乳製品主要出口目的地是馬來西亞和朝鮮。2015 年，中國出口乳製品折合生鮮乳約 10 萬噸。

3.4.2　需求增長因素

近年來，國內乳品消費放緩的原因主要有兩點，一個原因是 2008 年「三聚氰胺事件」及 2010—2012 年乳製品安全問題集中曝光的影響。「三聚氰胺事件」主要影響居民對國產嬰幼兒奶粉的消費，2010—2012 年的乳品安全問題則使得居民對液態奶信心下降。另一個原因則是在此背景下，2013 年的「奶荒」

提高了乳製品價格，同時刺激企業通過產品結構升級提升業績，其結果在 2014 年顯現，受乳品價格升高、進口乳品衝擊以及宏觀經濟增長放緩的影響，國內乳品消費增長無力，部分產品及部分地區甚至出現總量下滑。

雖然近年來中國乳製品消費量增速逐步放緩，但中國人均乳製品消費水平仍然較低。《中國奶業統計資料 2014》提供的數據顯示，2012 年，中國人均液態奶消費量為 16 千克；同期，美國為 76 千克，歐盟為 64 千克，日本為 32 千克，韓國為 35 千克。聯合國糧食及農業組織數據顯示，2015 年，世界人均生鮮乳消費量為每年 105 千克，中國僅為每年 36 千克。由此可以推斷，隨著人口的持續增長、收入的上升、城鎮化以及飲食習慣的改變等，中國乳製品消費將進一步增長。

3.4.2.1 「全面二孩」政策擴容嬰幼兒奶粉市場

2015 年 10 月 29 日，黨的十八屆五中全會發布公報，全面實施一對夫婦可生育兩個孩子的政策。業界普遍預計，全面放開二孩政策將有望迎來一波人口紅利，使得嬰幼兒配方奶粉市場大幅擴容。另據艾瑞諮詢統計數據顯示，2014 年，中國嬰幼兒奶粉市場上約有 1,687 萬新生兒，奶粉市場需求為 682.7 億元左右，若不考慮配方奶粉價格及喂養率的變化，「全面二孩」政策將帶來約 35% 的新生兒增量，可使配方奶粉市場擴容 240 億元左右。顯然，這將是一個巨大的商機。

3.4.2.2 三線、四線以下地區的市場拓展

隨著未來經濟形勢較好，城鎮化進程加快推進，到 2020 年，以三線、四線以下地區為主力的消費得以釋放，中國將迎來第二個乳製品消費黃金增長階段。

2014 年，一線、二線城市人均乳製品消費量平均增長率不超過 1%，三線以下地區乳製品消費量占總消費比重仍然偏低，市場整體處於「消費培育」階段，但整體增長速度快於一線、

二線城市，部分地區年消費量增長速度超過 10%。據乳業行業研究專家宋亮稱，近兩年乳製品企業業績增長很多來自三線以下地區。可以預計，隨著乳製品加工企業食品安全有效機制的建立和健全以及城鄉居民收入的進一步提高，城鎮居民及農村居民人均乳製品消費量都會有較大突破。

3.4.2.3 產品升級催生新需求

近年來乳業進入調整期，乳業企業進行全面產品升級，在細分領域深耕創新需求。乳業企業當前基本依靠產品升級驅動營業收入上漲，乳業企業開發的新品催生新的需求增長點。其中，液態奶是主要增長看點（見圖 3-18），2015 年液態奶消費增長率達 5.55%，帶動了乳製品消費的整體增長。

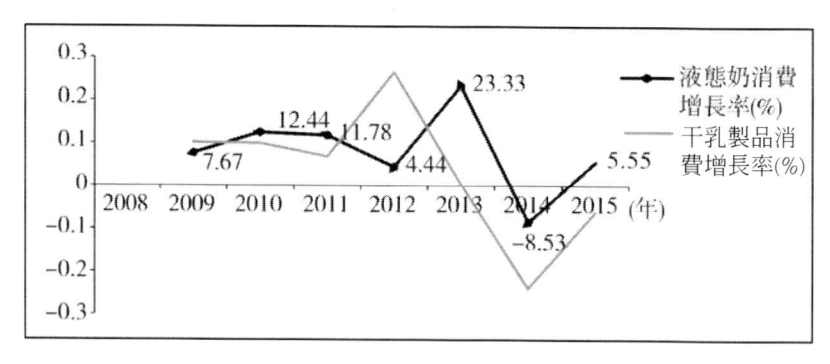

圖 3-18　中國乳製品細分類別消費情況

數據來源：國家統計局、海關總署網站

根據 2015 年前三季度的統計數據可知，常溫酸奶、新鮮酸奶、乳酸菌飲料呈現正增長，其中常溫酸奶增速最高，達到 106.3%，遠高於新鮮酸奶 10.5%、乳酸菌飲料 7.4% 的正增長。與此同時，2015 年各大乳業企業也紛紛加大對常溫酸奶品類的投入力度，如光明的莫斯利安、伊利的安慕希、蒙牛的純甄以及君樂寶的開啡爾等。幾大乳製品龍頭企業對常溫酸奶這一品類的涉足，使得該品類保持了翻倍的增長速度，未來也會吸引更多企業進入。

不過，業內人士普遍看好巴氏奶的發展前景。當前，全球的液態奶消費是以巴氏奶為主，占據全球 70%以上的液態奶市場。2000 年之前，中國液態奶消費也以巴氏奶為主，約占市場的 70%~80%，但由於奶源質量和分佈的限制、冷鏈物流建設的制約以及乳製品消費能力的不足，中國巴氏奶市場逐漸萎縮，其占液態奶市場的份額由 2001 年的約 45%不斷萎縮到 2015 年的 10%左右。不過，隨著人們對巴氏奶營養價值的認知增強，冰箱、冷櫃等冷鏈設備進入農村地區，巴氏奶消費區域將進一步拓寬。

3.4.3 供需分析

3.4.3.1 消費需求提升促使產品結構升級

由上可知，近年來中國乳製品需求增速放緩，2015 年總體消費量為 2,957.9 萬噸，增長率僅為 4.1%，2008—2015 年年均增速為 7.12%，但乳製品進口量增速較高，2008—2015 年保持年均 24.43%的增速，反應出中國居民對國產乳品安全保障缺乏信心以及對高品質乳製品的需求強烈。

隨著乳業品牌集中度進一步提高，企業不斷尋求產品附加值提升。在乳業產品格局方面，常溫、中低端奶銷量會逐步下滑，而低溫奶、酸奶、高端奶、嬰幼兒奶粉銷量則會持續上漲。公開資料也顯示，目前中國經營低溫奶產品的企業數量已經超過了 400 家，並且區域龍頭乳業企業的低溫奶銷量增速甚至達到了 20%左右，對常溫奶的替代優勢越來越明顯。另外，自 2008 年以來，包括高端嬰幼兒配方奶粉、高端超高溫瞬時處理（UHT）奶、高端發酵奶及奶飲料、高端巴氏殺菌奶、進口奶酪、進口黃油等都在持續增長。這些高端乳品消費主要集中在一線、二線城市，電子銷售在其中的比重逐步增加。

3.4.3.2 原料奶供需不平衡體現奶牛養殖與乳製品加工企業的矛盾

以乳製品消費量代表市場需求，牛奶產量、乳製品產量代表市場供給，從圖3-19可以看出，2009—2015年大部分時期，乳製品需求增長率高於供給增長率，缺口由進口乳製品填補。也可以看出，從2014年開始，牛奶產量迅速增加，首次超過乳製品需求增速，由此帶來2014年、2015年鮮乳收購價格下滑（見圖3-20）。

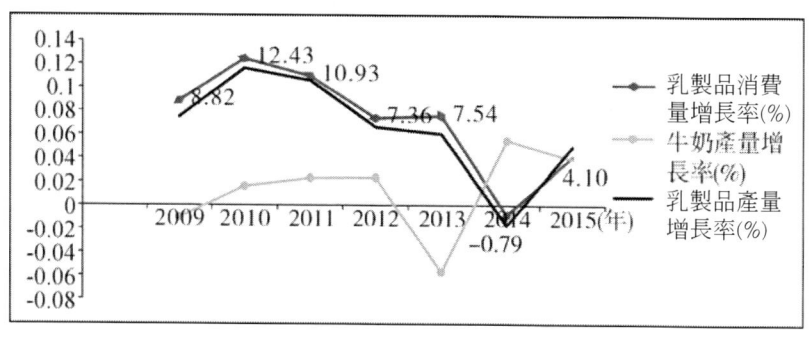

圖3-19 乳製品供需增速比較

數據來源：國家統計局、海關總署網站

據監測，2015年全國10個主產省區生鮮乳全年平均價格為每千克3.45元，同比下降14.8%。

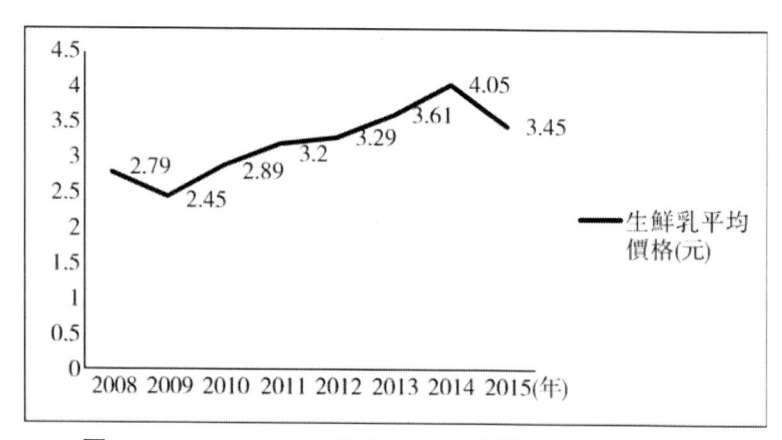

圖3-20 2008—2015年主產省區生鮮乳平均價格走勢

數據來源：農業部網站

2013—2015年乳業市場供需的大幅波動表現為2013年的「奶荒」到2014年的「奶剩」。究其緣由，2010—2012年受乳製品安全曝光事件影響，消費增速持續下滑，造成生鮮乳價格持續下跌，奶農收益得不到保障，紛紛退出市場。此后，由於規模化牧場的增長未能跟上散養農戶退出帶來的原料奶產量的下降，2013年原料奶產量呈負增長，為-5.67%；與此同時，由於新西蘭、澳大利亞等國干旱和新西蘭進口恒天然集團「毒奶粉事件」，進口的奶粉數量銳減、價格攀高，造成了乳品加工企業生產酸奶、冰激凌、雪糕等乳製品原料的短缺，原來可以由奶粉替代的產品改用鮮奶替代，造成了乳製品加工企業使用國產奶源補缺，「搶奶」由此而來，形成「奶荒」局面。

到2014年，國內乳製品市場需求增速繼續下滑，而供給方面，受原料奶價格攀升的刺激，奶牛養殖戶擴張規模，原料奶產量大幅增加，達到5.47%，呈現供需矛盾。與此同時，2013年以來，受到海外低價原料奶的吸引，中國乳業企業紛紛前往海外尋找奶源，甚至開始直接依託當地奶源興建加工廠。據瞭解，2008年以來，中國原料奶收購平均價都在每千克2.45元以上，比國外奶源價格高太多。以新西蘭為例，其原奶收購價約為每千克1.7元，而國內原奶收購價在2014年高峰時能達到每千克4.75元，約為新西蘭的2.79倍。

隨著海外乳製品原料、產品等被大量引入國內，加劇了本土乳製品供需關係的矛盾，進一步刺激奶農「倒奶」，部分奶牛養殖者對前景缺乏信心，開始提高奶牛淘汰率。據乳業分析師宋亮稱，2011年退出養殖業的主要是散養農戶，2012—2013年是養殖小區，2014年則是中型養殖者。從2015年開始，大規模養殖企業的業績也開始下滑。宋亮認為，2015年國內奶粉生產企業平均有1/3的產能是閒置的，有的企業開工率甚至達不到50%。國家奶牛產業技術體系首席科學家李勝利也分析說，目前國內有5%~20%的奶源過剩。

中國奶牛養殖戶與乳品加工企業之間是簡單的購買關係，不存在國外上下游環節之間緊密的利益及契約連接。同時，由於上游環節養殖戶眾多、規模不大、標準規範化程度低，缺乏與下游乳品加工企業的討價還價能力。因此，一方面，乳製品的價格競爭最終會傳遞給原料奶供應商，其代價往往首先由上游企業承擔；另一方面，乳製品價格的頻繁漲跌引致奶牛養殖戶不斷進出以及進行規模擴張與收縮，更是加劇了市場供需矛盾。要解決這一問題，依賴於上下游環境的緊密連接，依賴於奶農合作社、乳業協會真正發揮組織者的作用，而這些都非短期內能夠解決的。因此，可以預計，乳業原料市場的供需矛盾問題將在近年來持續存在。

3.5 行業競爭分析

3.5.1 市場格局

3.5.1.1 企業規模及區域分佈

2013年，中國乳製品生產企業數量為816家，其中液體乳生產企業為545家，占總數的66.79%；乳粉生產企業為297家，占總數的36.4%；嬰幼兒配方乳（奶）粉企業為80家，占總數的9.8%（見圖3-21）。在液體乳生產企業中，生產巴氏殺菌乳的企業占比為36.89%，生產調製乳的企業占比為43.38%，生產發酵乳的企業占比為50.61%，生產滅菌乳的企業占比為37.62%。

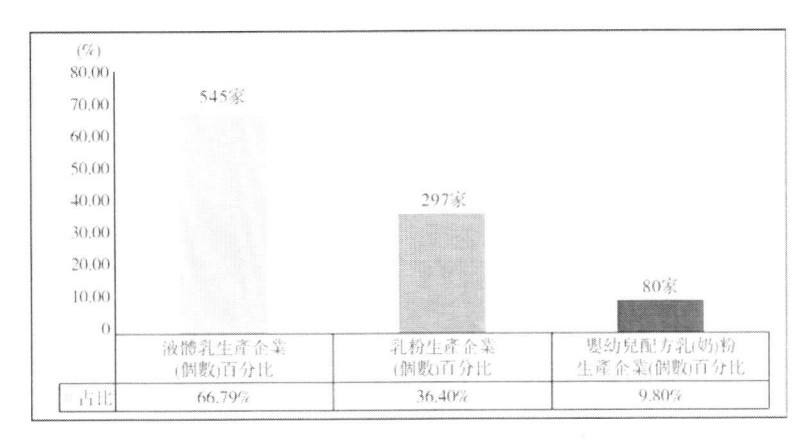

图 3-21 2013 年中國乳品細類企業數量占比

數據來源：《中國奶業年鑒 2014》

2013 年，規模以上乳業企業為 658 家，占比 80.64%。2013 年，乳製品年產量為 2,698.03 萬噸，產品銷售收入為 2,831.59 億元，根據上市企業年收入排名，依次是伊利、蒙牛、光明、貝因美、雅士利國際以及皇氏，其市場份額分別為 16.87%、15.31%、5.75%、2.16%、1.41%、0.35%（見圖 3-22）。

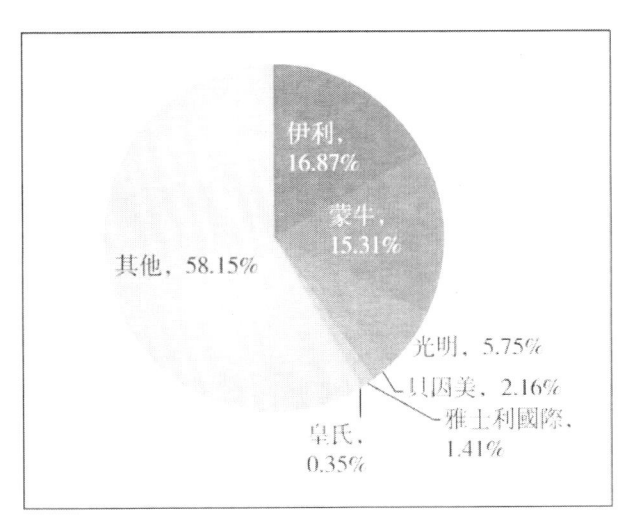

圖 3-22 2013 年乳業上市企業市場份額比較

數據來源：《中國奶業年鑒 2014》

從產地來看，內蒙古年產量為 300.92 萬噸，位居首位，河北為 298.12 萬噸緊隨其后，后面依次是山東 274.73 萬噸、黑龍江 213.74 萬噸、河南 193.06 萬噸、陝西 183.98 萬噸、江蘇 141.63 萬噸，6 個地區所在市場份額達到 59.53%（見圖 3-23）。

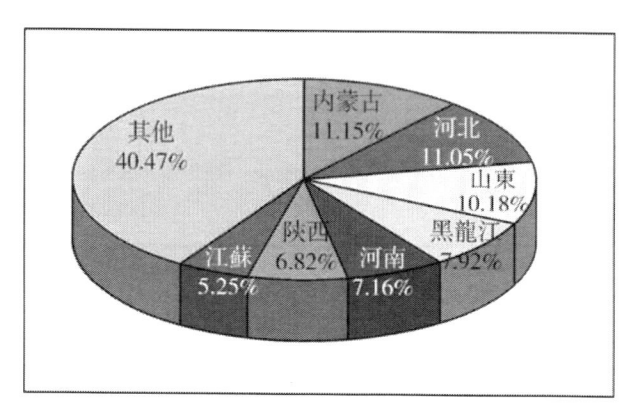

圖 3-23　2013 年乳業產量區域份額比較

數據來源：《中國奶業年鑒 2014》

3.5.1.2　市場集中度

2013 年至今，乳品行業集中度進一步提升，據王黎明稱，2014 年年底，乳製品企業前 10 強國產品牌的行業集中度達到 54.2%，較 2013 年提升了近 10 個百分點。截至 2015 年 10 月，中國乳製品規模以上企業已降至 630 家，在這個過程中，乳製品產量從 2013 年的 2,698.03 萬噸升至 3,870 萬噸，增長了 43.44%。從 2016 年年初數據看，中國乳業前十大品牌集中度已達到 65%，工信部提出的 2018 年前十大品牌集中度提升為 80% 的目標也有望實現。

當前，與其他國家相比，新西蘭乳製品重要加工企業僅為 3 家，荷蘭核心乳製品加工企業為 15 家，澳大利亞與美國乳品加工企業市場集中度也較高，說明中國乳業企業優勝劣汰及規模化發展的進程才開始，未來行業格局還會有更大的變動。

第一，液態奶市場。具體來看，在乳業市場上，伊利、蒙

牛、光明 3 家企業長期穩居行業前 3 位。2015 年，伊利營業收入為 603.6 億元，突破 600 億元大關；蒙牛與伊利的差距近年來逐漸拉大，蒙牛 2015 年的營業收入為 490.27 億元，跌到 500 億元以下；光明落後於這兩大寡頭較多，2015 年的營業收入為 193.73 億元，排第 3 位。具體如圖 3-24 所示。

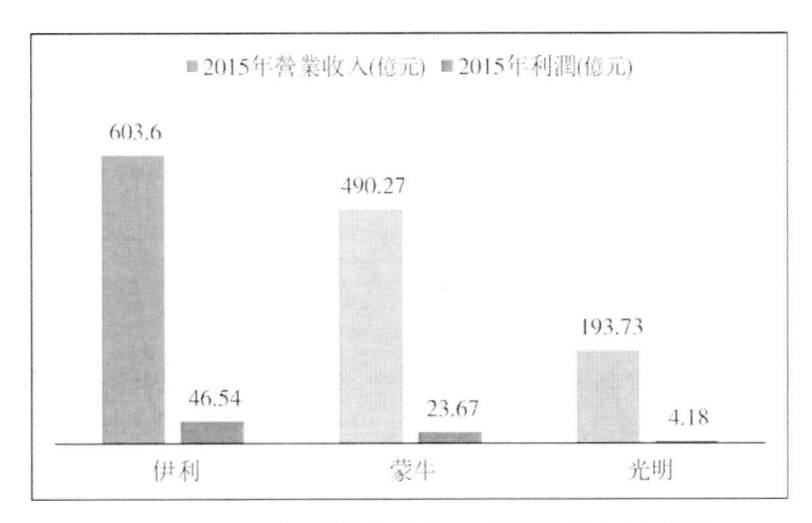

圖 3-24 2015 年乳業企業前 3 強營業收入及淨利潤

數據來源：2015 年相關企業年報

伊利、蒙牛兩家企業占據乳業市場 38.63% 的市場份額，伊利、蒙牛、光明三家企業則占 45.47% 的市場份額。該行業逐步從「戰國三雄」態勢演變為「雙寡頭」格局（見表 3-2）。伊利、蒙牛再次被列入 2016 年度「全球乳業 20 強」榜單，伊利排第 8 名，蒙牛排第 11 名。

表 3-2 乳業市場集中度 CR2、CR3（2015 年）

乳業企業	市場集中度 CRn
伊利、蒙牛	38.63%
伊利、蒙牛、光明	45.47%

這些企業主要稱霸液態奶市場，在未來一定時期內伊利和蒙牛雙寡頭壟斷的情況不會改變。不過在區域層面，作為地方企業的燕塘乳業、三元股份、科迪乳業、新希望等也因避開伊利、蒙牛主導的常溫奶市場，主攻巴氏奶、滅菌乳、酸奶等低溫奶品類，因而具有較高的地區市場接受度。從整個低溫奶的市場格局層面看，合併了達能低溫奶的蒙牛目前坐擁了第一的寶座。從央視市場研究提供的數據來看，2015年，蒙牛在低溫奶市場上排名第一，占17%的市場份額；第二名為光明，佔有16.4%的市場份額；伊利則以11.7%的市場份額位列第三。其中，蒙牛低溫奶的增長主要來自低溫酸奶，伊利則是在低溫乳酸菌飲料上有較大增長。

另外，在伊利、蒙牛與全國中小乳企展開激烈競爭的同時，現代牧業、輝山、聖牧等企業也從上游原料奶環節加入到乳品加工企業的競爭中，主要推出常溫純牛奶，在一定程度上搶占了蒙牛在常溫奶市場的份額。以現代牧業的常溫奶這個品類為例，自2012年正式推出以來，每年銷量都是成倍增長，2013年銷售收入為3.2億元，2014年為8.33億元，2015年達15億元。到目前為止，現代牧業純牛奶已能與蒙牛高端產品特侖蘇抗衡。

第二，嬰兒乳粉市場。中國乳業市場中，液態奶占據80%以上的市場份額，具有極其重要的地位。嬰兒乳粉市場按其消費量計算，其占乳業總體消費的比重不到10%，但是在未來，這一情形會隨著中國居民生活水平及消費習慣的變化而逐步改變。主導液態奶市場的企業在嬰兒乳粉市場並未佔有較大份額。

根據工信部的數據，2013年排名前十位的中國嬰幼兒配方奶粉生產企業分別是內蒙古伊利、黑龍江完達山、飛鶴乳業、福建明一、廣東雅士利、青島聖元、西安銀橋、黑龍江龍丹、上海晨冠、內蒙古蒙牛。2013年，中國開始試運行嬰兒乳粉質量追溯體系。目前，伊利、蒙牛、三元、完達山、明一、輝山6家乳業企業已被選為嬰幼兒配方乳粉試點並成功運行。同時，

在工信部、發改委的推動下，中國嬰幼兒配方乳粉企業兼併重組工作陸續展開，從 2013 年的 128 家企業降至 82 家，先後發生了蒙牛收購雅士利、聖元收購育嬰博士、飛鶴收購艾倍特乳業，以及關山乳業、貝因美收購敦化美麗健乳業、伊利收購貴陽三聯乳業、雅士利收購多美滋中國等多起行業併購整合案。

根據 AC 尼爾森的數據，在母嬰店和商超渠道，2014 年全年占據中國奶粉市場份額前三名的品牌是惠氏、美讚臣、貝因美三家，但受到「恒天然毒奶粉事件」影響，多年排名前五的多美滋跌出十強，取而代之的是中國品牌飛鶴，再加上貝因美、伊利、合生元、雅士利，使得在排名前十的奶粉品牌中，中國奶粉品牌在數量上首次與外資品牌持平。

從市場佔有率看，AC 尼爾森數據顯示，在母嬰店和商超渠道，外資奶粉的市場份額開始下滑。2013 年，排名前十的外資品牌所占的市場份額約為 46%，但 2014 年已經下滑到 41% 左右。與此同時，排名前十的中國品牌所占的市場份額則從 2013 年的 28% 上升到 2014 年的 30% 左右。不過增長較為緩慢，從 2015 年的數據來看，中國嬰幼兒奶粉按出廠價計算的銷售收入為 750 億元，達能、美讚臣等幾大進口奶粉品牌的銷售額約為 300 億元，伊利、飛鶴、雅士利等國產嬰幼兒奶粉的銷售額總計約為 300 億元。加上通過跨境購進入中國的奶粉，這部分奶粉的銷售總額大約為 100 億元，因此 2015 年進口奶粉在中國的市場占比達 60% 以上。其中，達能旗下四個乳粉品類在中國銷售額就達約 100 億元，而國產奶粉大品牌伊利、飛鶴，其 2015 年銷售收入之和也不過 100 億元，僅與達能打平。

3.5.2 競爭環境（波特五力模型）

這裡運用邁克爾·波特的五力模型分析行業競爭環境。波特認為，行業內企業的競爭優勢是由這個行業中的五種競爭力量決定的，包括現有企業之間的競爭、替代品威脅、潛在進入

者的威脅、供應方的討價還價能力以及用戶的討價還價能力。這五種競爭力量的強度及其綜合情況決定了行業競爭的激烈程度，並最終決定行業盈利潛力。

3.5.2.1　行業內企業競爭情況

第一，國內品牌競爭激烈。從上面分析可知，乳業市場已漸漸趨向於由伊利、蒙牛把持的雙寡頭市場，2015年二者所占市場份額為38.63%，加上排名第三的光明乳業，三者市場份額之和達到45.47%，接近市場容量的一半。若對市場進行細分，則發現伊利、蒙牛兩家企業在常溫奶領域所占份額更大，兩家企業在全國性市場上的渠道、物流、奶源控制上佔有很大優勢。

而在液態奶的低溫奶市場，因為受制於冷鏈物流等技術，地方性牛奶品牌佔有一定優勢，長期以來由伊利、蒙牛、光明以及地方性乳業品牌共同占據該細分市場。不過中國乳製品品牌在本質上並沒有顯著差別，企業之間的競爭依然採用傳統的價格競爭，主要通過廣告宣傳、渠道營銷的方式推廣市場，因此彼此替代性較強。例如，光明率先推出的常溫酸奶莫斯利安，在短短幾年即被蒙牛的安慕希、伊利的純甄趕上，消費者在三者之間缺乏產品認知及忠誠度。同樣地，現代牧場、輝山等品牌主打高端常溫奶，以其較好的品質、營銷在一定程度上奪取了蒙牛的市場份額。

在另一個值得關注的嬰幼兒配方乳粉市場上，中國國有品牌所占份額未達一半。2015年，達能、美讚臣等國外品牌通過進口、海淘等渠道佔有中國嬰幼兒配方乳粉60%的市場份額，國內較大的品牌伊利、飛鶴兩個品牌銷售額之和還不能與達能一家進口奶粉相抗衡。

不過，近年來國內乳粉品牌銷售額漸漸恢復增長，並且由於消費者對乳粉安全不信任的「買貴」心理，國內乳粉品牌價格也水漲船高，利潤增長率遠超液態奶市場。2015年，貝因美

利潤增長率達到 50.45%，燕塘乳業利潤增長率達到 314.64%、皇氏利潤增長率達到 144.63%、熊貓利潤增長率達到 314.64%，而同期蒙牛利潤增長率僅為 0.7%，光明利潤增長率則為 -26.66%。

第二，進口品衝擊。由於消費者對國內乳製品企業信心不足，近年來進口乳製品不斷增長。2015 年，中國進口乳製品 178.7 萬噸，相比 2008 年增長了 362%，已占據國內整體乳製品消費的 1/3。從進口類別來看（見圖 3-16），奶粉、乳清粉所占比重較大，這些產品主要用於工業生產。例如，通過進口奶粉生產復原乳。

不過從近兩年數據來看，奶粉進口量下降較多，而液態奶及嬰幼兒配方乳粉開始增加，對國內乳業上游的奶牛養殖業及嬰幼兒配方企業形成壓力。尤其在伊利、蒙牛、光明、新希望等品牌逐步佈局海外，利用國外的優質奶源進行乳品加工以及在引進液態奶的情形下，國內相關企業將進一步受到衝擊。

3.5.2.2　替代品威脅

牛乳具有豐富的營養價值、保健功能，但是由於成本較高，並且部分人群對其乳糖不耐，這使得大米、杏仁、穀物、種子飲品以及大豆製品成為乳製品及牛奶的健康替代品。以大豆為例，其包含蛋白質、碳水化合物和脂肪，並且維生素和礦物質種類較多，同時不含膽固醇、乳糖，飽和脂肪含量低，非常適合中國消費者。以大豆為原料的食品種類很多，如豆奶、豆製飲品、豆酸奶等，在中國、日本等很多地區，豆製品品類繁多，口感與營養價值都較優，相信在未來的中國市場上有較大前景，並會在一定程度上影響乳製品銷量。

3.5.2.3　上游原料奶廠商延伸乳品加工

相比於行業現有廠商，乳製品行業的新進者在生產規模、技術、原料成本、產品銷售等方面面臨較高的成本，並且隨著

國家政策干預逐步加強，該行業進入壁壘不斷提高。

新的《企業生產乳製品許可條件審查細則》（2010年）明確提出達不到一定產量的乳製品企業將被強制退出該行業，同時要求嬰幼兒配方乳粉的生產企業必須配備相應的檢測檢驗設備。這些設備價格較高，對中小乳粉企業形成負擔，從而使得乳業規模壁壘大大提高。另外，工信部2014年宣布實施的《推動嬰幼兒配方乳粉行業企業兼併重組工作方案》將促使該行業的集中度進一步提升，乳業企業規模的擴大無疑會提升新進者的障礙。

由於伊利、蒙牛、光明等品牌占據了中國乳製品市場一半河山，其在消費者心目中具有較高的品牌認知，並且具有較強的渠道能力，新進者在銷售方面面臨較高的營銷費用及渠道鋪設費用，由此帶來較高的壁壘。

另外，原料奶的供貨及價格對乳製品加工企業的生產成本具有較大影響。近年來，伊利、蒙牛、光明等乳製品加工企業在國內及海外的奶源基地上都投入大量建設。對於新進者，需要建立自己的奶源基地，或是尋找較低的奶源廠商進行合作。這意味著要麼承擔巨大的資本投入，要麼在原料奶價格上不具有優勢，由此提高了新進者的進入障礙。不過，2012年以來，聖牧、現代牧業、輝山等上游企業通過產業鏈延伸，生產高端常溫奶，並與伊利、蒙牛在該細分市場展開爭奪，取得份額增長，對現有企業已形成威脅。如圖3-25所示，三家企業在液態奶市場上收入占比逐年提升，原料奶收入則相應降低。其中，輝山乳業不僅延伸至液態奶市場，乳粉份額也逐步提升，不過其所占份額仍較低，2015年在10%左右。可見，原料成本並不對這類企業構成壁壘。在未來，或將有更多具有優質奶源的上游企業通過往下游延伸的方式進入該領域。

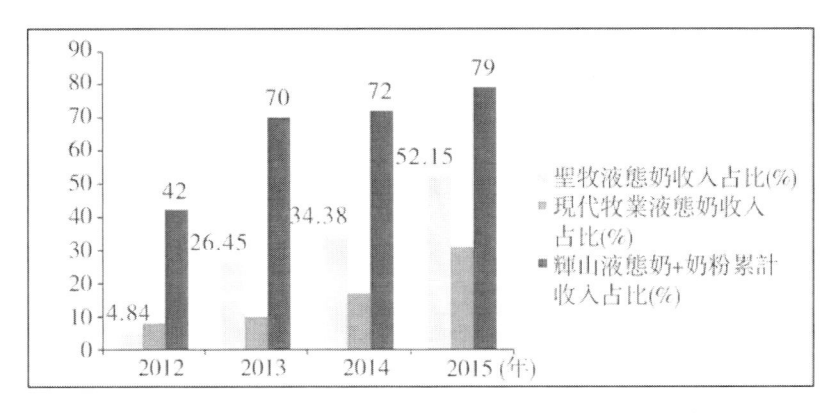

圖 3-25 聖牧、現代牧業、輝山乳業液態奶市場變化

3.5.2.4 上游廠商討價還價能力

乳業上游的原料奶供應商，即奶牛養殖環節，主要是指奶源基地，包括散養奶農、養殖小區、奶聯社、企業自建（自營）牧場四個類別。2008 年以前，奶牛養殖環節以散養農戶為主，在「三聚氰胺事件」後，散養農戶被逐步淘汰，代之以小規模養殖，政府也鼓勵成立養殖小區。但據調查瞭解，許多養殖小區名不符實，實質為「集中散養」，利益及風險均各自負責，尚未形成內部分擔及標準管理機制。這些養殖小區的形成方式主要有二：一是於 2008 年前後陸續形成的養殖小區。2008 年以後，地方政府為加快規模化發展，集中建立了一批養殖小區，組織大批散戶進入小區。由於經營主體仍較分散，產權結構沒有根本改變，僅僅是集中飼養，因此我們稱之為鬆散型規模化。二是各地自發組織形成的家庭奶牛合作社，主要集中在河北、山東、內蒙古、山西等地。這些中小規模經營者是未來奶牛養殖向現代化轉型的主體，是實現適度規模養殖，推動家庭牧場及合作社發展的中堅力量。

由於小規模養殖不具備成本優勢，也開始逐步退出市場，大規模養殖開始增加，但是其增長速度並未跟上小規模養殖的退出速度，因此形成 2013 年的「奶荒」現象。

2015 年，中國奶牛養殖戶戶均存欄量為 43 頭，同比增加 17 頭；100 頭以上規模養殖比例達到 48.3%，同比增長 3.1%，相比 2008 年提高了 28.8%。但是與美國、澳大利亞兩國相比，中國 100 頭以下的奶牛存欄比重仍然較高（見圖 3-26），達到了 51.7%。中國 1,000 頭以上規模的養殖戶占比為 23.6%，遠高於澳大利亞，這是因為澳大利亞、新西蘭、荷蘭等國養殖方式與美國不同，並未大力發展超大規模的養殖場。近年來，中國發起「萬頭養殖農場」的養殖模式，這樣的養殖方式要求產業鏈上的牧草、飼料、診治等環節規模同比提升，具有較高的管理難度，在當前並不適用。事實是，中國乳業產業鏈的牧草、飼料供應等環節尚缺乏規模效應，成本較高。

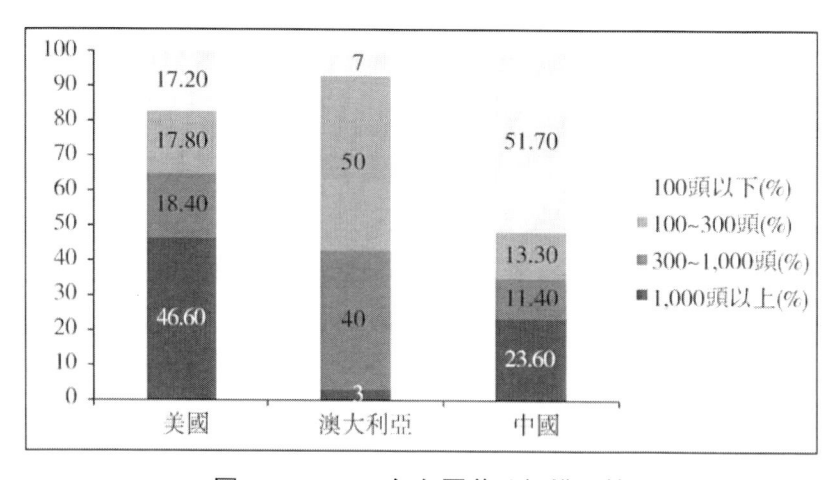

圖 3-26　2015 年各國養殖規模比較

數據來源：農業部網站

總體來說，國內原料奶價格高於海外奶源的情況，因此上游奶牛養殖戶缺乏與下游乳品加工企業的議價能力，「倒奶殺牛」情形頻現。

3.5.2.5　消費者議價能力

乳製品的最終購買者是大眾消費者。2008—2015 年，社會消費品零售總額增長了 1.62 倍，城鎮居民人均可支配收入增長

了近1倍，農村居民人均純收入增長了1.4倍。在此期間，乳製品消費量則增加了約1.32倍，略低於社會消費品零售總額的增長。近兩年，上述三類數據仍較高，但從2012年開始增速下滑，城鎮居民及農村居民收入增長率跌破10%，分別為8.15%、8.90%。結合之前對乳製品消費量增速下滑的分析，可以推斷在未來兩年內，乳製品消費增速將繼續下滑，消費者對價格更為敏感。而與需求對應的是乳製品從原料奶供應到奶粉庫存的大量過剩，供需的不均衡也將進一步加強消費者的議價能力。

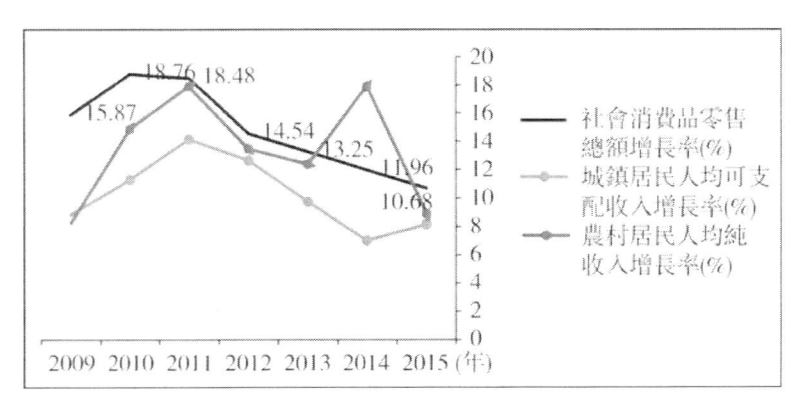

圖3-27 社會消費品零售總額、城鎮居民人均可支配收入增長率及農村居民人均純收入增長率情況

數據來源：國家統計局網站

另外，近年來的食品安全問題日益引發消費者關注，產品安全和營養成分已逐步成為乳製品消費的主要考量依據，其次才是產品的價格。因此，消費者在選擇產品時會更理性，會在國內品牌、進口品牌之間權衡比較，從而增強了消費者的議價能力。

3.6 政策變動與技術突破

3.6.1 政策變動

2008年「三聚氰胺事件」以來,中國工信部、發改委、食品藥品監督管理總局等部門陸續發布並實施了關於乳品行業監管、促進行業發展等方面的多項政策(見表3-3),食品安全控制的細則逐步詳盡,操作方法日益具體,監管力度也穩步加強,在一定程度上提升了嬰幼兒配方乳製品、液態奶等產品的品質及民眾的信心。但是在此過程中仍伴隨著進口乳製品數量的急遽上升。2016年,國家食品藥品監督管理總局再次重拳出擊,「最嚴奶粉政策」於2016年10月實施。這對乳業產品品質、行業市場格局、進口品牌與國內品牌競爭等方面均產生了影響。

表 3-3　　　　近年制定的乳業政策及影響

類別	名稱	年份部門	目標及內容	影響
利好政策	「二孩政策」全面開放	2015年黨的十八屆五中全會	2015年10月29日,中共十八屆五中全會公布,全面實施一對夫婦可生育兩個孩子的政策,即正式開放期待已久的「二孩政策」	對嬰幼兒乳粉的需求增加
產業發展	推動嬰幼兒配方乳粉行業企業兼併重組工作方案	2014年工信部	前10家國內品牌企業行業集中度提高至65%,原有的127家配方乳粉企業總數減少為87家;到2018年12月底,培育3~5家大型企業集團,前10家國內品牌企業行業集中度達80%,國產品牌企業最終保留50家左右;提供稅收、資金、併購貸款等支持	嬰幼兒配方乳粉行業集中度提升,市場格局發生變化

3 行業研究案例——中國乳業發展現狀與前景

表3-3(續)

類別	名稱	年份部門	目標及內容	影響
行業監管	《嬰幼兒配方乳粉產品配方註冊管理辦法》(也稱「最嚴奶粉政策」)	2016年10月國家食品藥品監督管理總局	對嬰幼兒配方乳粉生產企業的研發能力、生產能力、檢驗能力提出要求，督促企業科學研製嬰幼兒配方乳粉產品配方；企業產系列數不超過3個；寫入新修訂的《中華人民共和國食品安全法》，上升至法律層面	產品系列數不超過3個，對國內大量擁有多個品牌的企業（如聖元、飛鶴）產生較大影響，從而影響行業格局；進入門檻大幅提高，極大抑制資本進入
	嬰兒乳粉質量追溯體系建設	2014年工信部	追溯體系共6個系統，含生產企業信息系統、企業數據交換系統、公共標示服務系統、行業應用公共系統、客戶終端查詢系統、信息安全認證系統；2014年年底，實現試點企業所有應公開信息和產品生產、流通、使用等產業鏈全程信息的即時實地跟蹤、信息匯總與分類使用；伊利、蒙牛、三元、完達山、明一和輝山乳業6家嬰幼兒配方乳粉試點企業已成功運行	部分乳品加工企業面臨淘汰危機；行業門檻提升；有利於大眾對國內乳業品牌信心的恢復
	《嬰幼兒配方乳粉生產許可審查細則》(2013年)	2013年國家食品藥品監督管理總局	確立嬰幼兒配方乳粉GMP（GMP是優良製造標準的簡稱，是一套適用於製藥、食品等行業的強制性標準）	
	《關於進一步加強嬰幼兒配方乳粉質量安全工作的意見》	2013年國家食品藥品監督管理總局、工信部等9個部門	貫徹《中華人民共和國食品安全法》《乳品質量安全監督管理條例》和《國務院辦公廳關於進一步加強乳品質量安全工作的通知》(國辦發〔2010〕42號)精神；嚴格嬰幼兒配方乳粉生產企業許可條件，參照藥品管理的措施，進一步提高企業生產設備設施、原輔料把關、生產過程控制、檢驗檢測能力、人員素質條件、環境條件控制和自主研發能力等方面的要求；建立完善電子信息記錄系統，落實企業首負責任	

表3-3(續)

類別	名稱	年份部門	目標及內容	影響
行業監管	《進出口乳品檢驗檢疫監督管理辦法》	2013年國家質量監督檢驗檢疫總局	進口奶粉在經過風險評估並符合要求後，才能進入中國	出貨慢，庫存增大，提升成本，尤其是零售環節，從而推升產品價格；有利於國內乳粉品牌市場提升
	《乳製品工業產業政策》（2009年修訂）	2009年工信部、發改委	「三聚氰胺事件」后首次對乳業定位、發展規範的重大調整；新建乳品項目可控奶源占比從30%提升至40%；還原奶徹底被禁。液態乳生產企業100%使用穩定可控奶源基地產的生鮮乳，配方奶粉生產企業50%以上原料為生鮮乳	大幅提高乳業進入門檻；企業擴張成本增加；液態奶等產品品質提升

3.6.2 技術突破

中國乳業技術研發主要聚焦於以下四方面：乳品發酵技術與新型乳品發酵劑研究開發、乳品安全技術及安全控制、功能性乳品研究與開發、新型干酪的研究開發與乳品深加工技術。光明、伊利、蒙牛為代表的企業集團積極投入此類研發資金，並佈局海外，利用優質奶源及先進加工技術。在未來，乳品品質及產品品類都將有進一步提升。

3.6.2.1 新產品研發

第一，高端常溫酸奶，代表性產品有光明莫斯利安、伊利安慕希、蒙牛純甄。光明出品的莫斯利安是國內第一款無須冷藏，能在常溫狀態（4℃～25℃）下保質120天的常溫酸奶，2009年投產並進入市場，市場銷售量一路飆升。2013年，蒙牛純甄、伊利安慕希也相繼面世，實現常溫條件下存儲，搶奪了一部分光明莫斯利安的市場。

第二，低溫巴氏奶，代表性產品有三元、光明、新希望、

燕塘、輝山為代表的區域性乳業企業的低溫巴氏奶。由於巴氏奶不易儲存、運輸，因此成為各個區域性乳業企業的拳頭產品，尚未出現全國性的知名品牌。但由於巴氏奶滅菌技術不同於常溫奶的高溫滅菌方法，營養價值及口感風味更高，在發達國家占乳製品消費的比例超過九成，因而可以預見這也將成為未來中國液態奶產品結構調整的方向。伊利、蒙牛兩大主導常溫液態奶企業也已開始涉足該品類的市場佈局。

3.6.2.2 新技術

第一，乳品生產技術革新。各大乳業品牌深加工技術近年來有較大提升，使得乳製品能夠向多元化、功能化、高端化的方向改進。不過遺憾的是，中國乳製品企業表現出一定程度的對外技術依賴，大到乳製品濃縮設備、均質機、無菌生產線、檢測設備、乳粉生產設備、小型奶酪加工設備等，小到酸奶菌種，均從國外進口；同時中國乳製品企業也積極佈局海外，利用海外深加工技術，國外品牌和技術主導的格局已日益顯現。

第二，冷鏈物流技術。目前市場上常見的酸奶、低溫巴氏奶都是經過冷鏈運輸、冷風櫃或冰箱保存，並且保存時間控制在24天。近年來，各地方性乳業企業全力打造全程冷鏈技術，從原料奶運輸到成品運送，努力實現運送途中的溫控和時間把控。

3.7 驅動行業發展的關鍵因素

由於消費者對國內乳製品消費信心不足，2008年以來，中國乳製品行業總體低位增長，特別是近幾年進口乳製品湧入，已占據中國1/3的市場，未來決定中國乳製品行業發展的首要

因素仍然是市場信心及需求。另外，該行業呈現寡頭壟斷特徵，市場份額與企業的品牌、規模以及營銷能力有關，通過品牌塑造、奶源品質把控、成本控制以及良好的渠道建設與廣告宣傳，企業方能勝出。

3.7.1 乳業信心與品牌塑造

恢復國人對乳業的信心是乳業發展的關鍵。一方面，應加強對奶源的控制與監管。事實上，近年來中國乳業已發生很大變化，奶牛養殖方式不再以散戶為主，已經形成中小規模的養殖小區以及大中型的現代化牧場，國內多數規模化牧場已經達到國際行業標準。但是政府對乳業的食品安全監管層面主要還是採用對乳製品進行抽檢的方法，仍缺乏從源頭進行有效的監管，相關的行業標準在制定及實施上都相對滯后。另一方面，就是品牌競爭力的問題。中國兩大乳業巨頭主要勝在全國性的生產佈局及渠道、營銷上，在對奶源的控制、低溫奶及其冷鏈物流建設、品牌塑造等方面都較弱。消費者信心建立在政府對乳製品的監管上，也建立在企業自身的品質監控上，大企業應通過嚴格把關塑造品牌信任度，形成標準，並以此帶動行業內其他企業。

3.7.2 消費者乳製品消費潛力

農業部數據顯示，2016年，中國人均乳品消費每年只有36千克，僅為世界平均水平的1/3。僅從液態奶消費看，自2008年以來，中國城鎮居民人均鮮奶消費量從17千克下降到14千克左右，甚至低於2002年的水平。與此同時，農村居民人均乳製品消費量雖有所增長，但增速十分緩慢，目前人均消費量只有6千克。乳製品占居民食品消費支出的比重逐年下降。

我們相信，隨著人口增長、城鎮化推進、人民生活水平提高，奶類消費有望穩定增長。三線及以下地區居民的牛奶消費

從普及到形成習慣需要 20 年時間，從 2000 年開始，前 10 年已實現了乳製品消費普及，后 10 年將會推動居民由「偶發性」消費向「習慣性」消費轉變。到 2020 年，以三線、四線以下地區為主力的消費得以釋放，中國將迎來第二個乳製品消費黃金增長階段。

3.7.3 「全面二孩」政策

2015 年 10 月 29 日，黨的十八屆五中全會發布公報，全面實施一對夫婦可生育兩個孩子政策。業界預計，「全面二孩」政策將有望迎來一波人口紅利，會讓嬰幼兒配方奶粉市場大幅擴容。

根據艾瑞諮詢的統計數據，2014 年，中國嬰幼兒奶粉市場上約有 1,687 萬新生兒，奶粉市場規模為 682.7 億元左右，如果不考慮配方奶粉價格以及餵養率的變化，那麼「全面二孩」政策帶來約 35% 的新生兒增量，可以讓配方奶粉市場擴容 240 億元左右。顯然，這將迎來一個巨大的市場商機。

不過長期以來，中國奶粉市場一直是外資品牌佔有較多份額，近年來，隨著伊利、貝因美、合生元等國產奶粉品牌崛起，外資品牌占國內奶粉市場的份額雖然有所下降，但高端奶粉市場仍然由外資品牌所主導。目前國內奶粉品牌除伊利、飛鶴在增長外，其他幾乎都處於下滑趨勢，其中一個重要原因就是「海淘」的衝擊。「全面二孩」放開，儘管總體上對國內乳品行業是利好，但仍應關注市場競爭及需求增長乏力帶來的風險；同時，隨著「史上最嚴」《嬰幼兒配方乳粉產品配方註冊管理辦法》的實施，國內眾多乳業企業將面臨產業調整。因此，對於中國乳業來說，既迎來發展機遇，又面臨嚴峻挑戰。

3.8 重要企業分析

3.8.1 市場表現

3.8.1.1 重要企業（D20）

2015年8月18日，由農業部、中國奶業協會主辦的「中國奶業D20峰會」在北京召開，會議上宣布成立了「中國奶業D20企業聯盟」。這些企業在液態奶、奶粉各個領域佔有較大市場份額，也是政府寄望其能在「奶業質量安全及產業轉型」目標中做好表率，勇於承擔責任。

該峰會是奶業的高層次會議，每年召開一次，是一個聯盟成員之間、成員與非成員之間建言和交流合作的高層對話平臺，也從側面反應出這些企業對於引領行業發展的重要性。根據2016年8月中國奶業協會發布的《中國奶業質量報告》，伊利、蒙牛、現代牧業、光明、三元、君樂寶、飛鶴等中國奶業前20強企業的乳製品產量、銷售額分別占全國的51%和54%，超過乳業市場份額的一半，並且集中度還將進一步提高。

伊利、蒙牛以38.63%的市場份額穩居行業第一、第二的地位，光明雖排名第三，但營業收入為193.73億元，顯著低於伊利的599億元和蒙牛的490億元，乳業行業呈現雙寡頭格局。表3-4列示了2015年中國重要乳業企業營業收入的具體情況。

表3-4　　　　　　　　乳業企業營業收入情況

企業名稱	營業收入（億元）
內蒙古伊利實業集團股份有限公司	603.6
內蒙古蒙牛乳業（集團）股份有限公司	490

表3-4(續)

企業名稱	營業收入（億元）
光明乳業股份有限公司	193.73
現代牧業（集團）有限公司	48.26
遼寧輝山乳業集團有限公司	45.265
北京三元食品股份有限公司	45.5
黑龍江省完達山乳業股份有限公司	—
新希望乳業控股有限公司	70
貝因美嬰童食品股份有限公司	45.34
天津嘉立荷牧業有限公司	12
福建長富乳品有限公司	9
濟南佳寶乳業有限公司	10
內蒙古聖牧高科牧業有限公司	31
中墾乳業股份有限公司	30
君樂寶乳業有限公司	63
黑龍江飛鶴乳業有限公司	69.9
南京衛崗乳業有限公司	—
新疆西域春乳業有限責任公司	5.6
河南花花牛乳業有限公司	12
西安銀橋乳業集團	17

3.8.1.2 兩大乳業企業細分領域市場份額

乳製品兩大細分領域分別是液態奶與奶粉。2015年，重要乳業企業（D20）液態奶產量為1,229萬噸，占全國液態奶總產量的51.2%；奶粉產量為38.5萬噸，占全國奶粉總產量的25.5%。

表3-5詳細列示了伊利、蒙牛歷年營業收入及產品結構的

變化情況。

表 3-5　　　　　　伊利、蒙牛歷年營業收入對比　　　　單位：億元

	2009年	2010年	2011年	2012年	2013年	2014年	2015年	2016年上半年
伊利收入	243	297	375	420	478	540	603.6	299
——液體乳	166	210	269	323	371	424	472	235
——冷飲	33	35	42	43	42	43	41	29
——奶粉	40	46	56	45	55	60	64	25
——其他	4	4	5	7	6	8	11	4
伊利淨利潤	7	8	18	17	32	42	47	32
——淨利率	2.9%	2.7%	4.8%	4.0%	6.7%	7.8%	7.8%	10.7%
蒙牛收入	257	303	374	361	434	500	490	273
——液體乳	227	269	337	323	379	430	433	238
——冷飲	27	31	33	32	30	27	21	17
——奶粉					22	40	32	17
——其他	3	3	4	6	3	3	3	1
蒙牛淨利潤	11	12	16	13	16	24	24	11
——淨利率	4.3%	4.0%	4.3%	3.6%	3.7%	4.8%	4.9%	4.0%

　　蒙牛自 1999 年創立，依靠其強大的市場及產品營運，在 2008 年蒙牛的營業收入首次超過伊利，並連續四年保持行業第一的水平，2010 年仍以微小優勢超過伊利，但其後與伊利的差距逐步拉大，具體數據見圖 3-28。近期，在荷蘭合作銀行發布的 2016 年度「全球乳業 20 強」榜單中，伊利已由 2015 年的第 10 名躍升為第 8 名，也是迄今為止亞洲唯一進入全球乳業前 8 強的乳製品企業，蒙牛保持 2015 年的排名，排第 11 名。

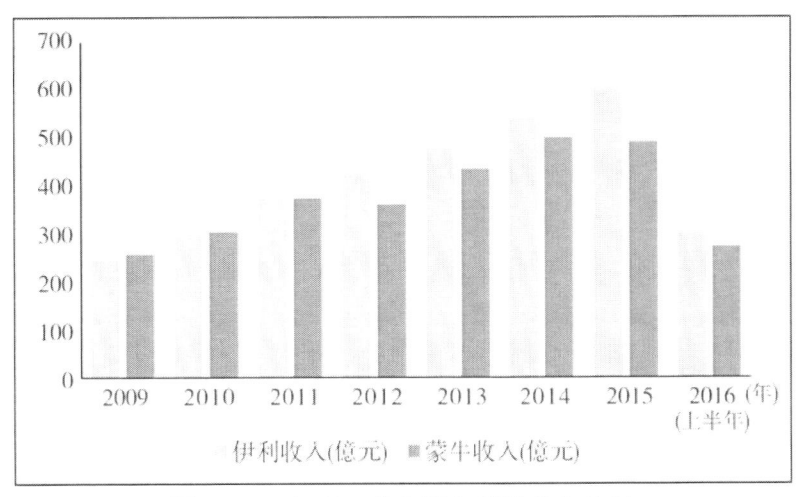

圖 3-28　伊利、蒙牛歷年營業收入比較

在產品結構上，液態奶、奶粉和冷飲是伊利和蒙牛的主要產品。從總量上看，伊利在這三類細分市場的收入都高於蒙牛，尤其是奶粉市場，超過蒙牛1倍。不過，根據2016年上半年數據，蒙牛液態奶銷售收入與低溫乳品的市場份額都位列第一。

伊利在常溫奶市場上具有較大優勢，其市場份額達到30.9%，位居該細分市場的第一位；另外，伊利的嬰兒奶粉產品全渠道零售額市場佔有份額為4.9%，位居國內品牌第一位；報告期內伊利冷飲產品銷售額也蟬聯全國第一。

從整個低溫奶的市場格局來看，根據央視市場研究數據，2015年蒙牛在低溫奶市場上排名第一，所占的市場份額為17%；第二名為光明，占據著16.4%的份額；伊利以11.7%的市場份額位列第三。在嬰兒奶粉市場上，國內品牌市場份額排前兩名的分別是伊利、飛鶴。

3.8.2　市場動向

3.8.2.1　常溫奶向低溫奶的產品結構調整

隨著冷鏈物流條件的改善和消費者收入水平的提高，近年來低溫奶市場增長迅速，2015年低溫奶增速甚至高於常溫奶增

速。2015年整個液態奶的增長速度是5%，其中常溫奶的增速只有2.7%左右，而低溫奶特別是低溫酸奶的增長達到了10.5%，乳酸菌飲料的增長也超過7%。總體來看，低溫奶的增長速度要大於常溫奶。

根據伊利2015年財報中援引的AC尼爾森的數據，伊利的液態類乳品在三線、四線城市與農村市場的零售額較2014年增長了13.2%；2014年推出的常溫酸奶安慕希零售額同比增長460%；嬰幼兒配方奶粉新品金領冠珍護零售額同比增長27%；另外，低溫奶的產品增速頗為突出。同樣，來自AC尼爾森的數據顯示，2015年上半年伊利暢輕和每益添的銷售額增速分別高達60%和51%，與之相比，常溫奶金典的增速就要遜色很多，同比僅增長20%。

蒙牛2015年上半年財報也顯示，低溫奶酸奶類別銷售額出現大增，同比增長55.96%，為55.73億元，但常溫奶類別的銷售額同比卻減少13.4%，為107.1億元。低溫奶在蒙牛主營業務液態奶中的銷售占比也因此從2014年的16.4%增加到2015年的25.4%。

河南上市乳企科迪乳業也發布公告稱，將募集7.54億元用於改擴建低溫乳製品項目以及建設冷鏈物流。而在此之前，科迪乳業主要生產常溫奶，低溫奶的產量占比並不高。

不僅如此，總部位於安徽、主營奶牛養殖和牛奶生產的現代牧業2015年在低溫奶市場上也動作頻頻。據現代牧業相關負責人介紹，2015年現代牧業在華東地區投資的低溫奶生產線已經正式下線，該生產線共投資9,000萬元。現代牧業還給巴氏鮮牛奶打造了「2小時」鮮牛奶的品牌形象，並將銷售渠道從過去訂奶入戶的模式擴充至商超渠道。

梁銘宣分析說，當前，中國低溫奶與常溫奶的消費比例為3：7，而歐美發達國家的這一比例為6：4。不同於歐美發達國家，中國消費者目前對低溫奶的認識還不高，對低溫奶的消費習慣還沒有建立起來。這意味著未來隨著中國消費結構的升級以及冷鏈物流的不斷完善，中國低溫奶的發展空間將會非常大。

3.8.2.2 併購事項

2013年6月，蒙牛收購雅士利，不僅是中國乳業迄今為止最大的一樁買賣，也被視為拉開了中國乳業兼併重組的大幕。在此之前，中國乳企的兼併收購並不算頻繁。例如，北京三元併購三鹿奶粉與湖南太子奶（官方推進），蒙牛併購武漢友芝友，廣西皇氏併購雲南大理的來思爾，蒙牛併購河北的君樂寶，等等。除了三元「蛇吞象」吃下三鹿外，其他基本都是大企業對地方小品牌的收購行為。

該階段乳業兼併重組案件更多集中在奶粉行業，直接的后果就是中小企業的退出和行業集中度的提升。至於各大企業間的格局，短時間內變化不大。因為國內奶粉市場品牌之間分化嚴重，大型企業擁有一定市場占比，而地方奶粉企業的占比相當有限，因此該輪併購中很少有企業能夠借助併購大幅度提高市場占比。

不過國內乳業企業已經把投資的目標移到了乳業的上游產業，伊利率先宣布以5,000萬美元（約合3.25億元人民幣）成為輝山乳業的投資者，而蒙牛也在積極對輝山乳業進行認購。此前，蒙牛已收購國內最大原料奶生產商現代牧業27.99%的股權，后者供應蒙牛約15%的奶源。

3.8.2.3 營銷與渠道

從2016年伊利、蒙牛、光明、貝因美、三元這五家上市乳業企業的半年報顯示，2016年上半年實現的營業收入為711.16億元，淨利潤為44.68億元。作為快消品，乳業企業的廣告推廣費用不容小覷。有統計顯示，五家乳業企業在2016年上半年廣告支出金額合計達到95.37億元。

大範圍、高頻度的廣告成為各大乳業企業首選策略。這五大乳業企業2016年上半年廣告費支出金額為淨利潤總額的2.13倍，日均支出金額為5,298萬元。統計顯示，除三元廣告費支出小幅度下滑外，其餘四家乳業企業的該項支出均大幅度上揚，即使是半年虧損2億元的貝因美也不例外。

具體來看，2016 年上半年伊利花費 40.7 億元在廣告宣傳上，占總營業收入的 13.85%；蒙牛花費 28.26 億元在廣告宣傳上，占總營業收入的 10.37%。在 2015 年，可口可樂的廣告費用不到總收入的 10%，寶潔的廣告費用為總收入的 12.25%，而伊利的廣告費用占總收入的比重是 13.85%，該年伊利的毛利率才 36%，可口可樂和寶潔的毛利率分別達到了 60% 和 50%。可見，伊利、蒙牛的廣告支付費用高昂。

3.8.3 財務情況

3.8.3.1 重要乳製品品牌財務表現

近兩年來，隨著進口低價乳製品的衝擊以及國內乳製品消費增速的放緩，中國乳製品行業受到嚴重衝擊。數據顯示，目前中國乳業全行業虧損面已經超過 50%，盈利企業也多數處於利潤微增狀態。

不過，作為行業佼佼者的乳業上市公司雖然也遭遇營業收入增速大幅放緩，卻並未出現大面積虧損，甚至還保持著較高的利潤增速。數據顯示，中國乳製品行業 10 家 A 股乳業上市公司中，僅西部牧業和貝因美兩家在 2016 年半年報中呈現淨利潤虧損，其餘 8 家公司皆實現了盈利。

從表 3-5 中也可以觀察到，伊利、蒙牛兩大乳業巨頭的營業收入雖然有所放緩，利潤卻並未下降，淨利率依然在逐步提高。乳業企業巨頭淨利潤的較大增長，一方面是由於國際原奶價格持續低迷，降低了企業採購成本；另一方面則是因為各家乳業企業通過推出高端產品，推高產品價格，毛利得以提升。

以伊利為例，其明星產品常溫酸奶安慕希零售額在 2016 年上半年出現快速增長，同比增幅高達 131.4%；其另一款高端產品金典奶也在快速增長，2014 年、2015 年，金典奶的銷售額同比增長 60%、17%，占公司收入的比例不斷提升，2015 年金典有機奶占伊利收入比例已達到 8.35%。從表 3-6 可以發現，伊

3 行業研究案例——中國乳業發展現狀與前景

表3-6 伊利主營業務分產品財務情況

分產品	營業收入（元）	營業成本（元）	毛利率（%）	營業收入比上年增減（%）	營業成本比上年增減（%）	毛利率比上年增減
液體乳	23,494,613,657.52	14,755,816,530.57	37.19	4.78	-2.28	4.53
冷飲產品系列	2,930,657,850.11	1,651,319,682.78	43.65	-1.98	-10.85	5.60
奶粉及奶製品	2,533,509,576.94	1,050,403,502.34	58.54	-24.05	-34.33	6.49
混合飲料	408,223,168.71	307,551,114.30	24.66	-22.09	-20.16	-1.83
擔保、保理收入	10,598,728.34	—	100.00	799.87	—	—
利息收入	161,004,259.98	—	100.00	-45.51	—	—
銷售材料等其他業務收入	547,928,030.15	502,590,571.82	8.27	-5.85	-6.36	0.50

數據來源：伊利公司半年報

135

利的主營產品中，除了液體乳營業收入較 2015 年有所增長外，其他產品都是負增長，尤其是奶粉及奶製品為-24.05%。

伊利、蒙牛財務比較分析如表 3-7 所示。

根據伊利 2016 年 8 月 26 日晚發布的 2016 半年報，其主營業務收入為 300.87 億元，同比增長 0.23%；實現淨利潤 32.11 億元，同比增長 20.63%；毛利率增長 4.83%。蒙牛業績顯示，2016 年上半年營業收入為 272.57 億元，相較於 2015 年上半年增長 6.6%，但是公司毛利率卻同比下降 19.5%。這主要是由於嬰幼兒奶粉市場表現不盡如人意以及受雅士利業績的影響。

表 3-7　　　　　伊利、蒙牛營業收入與淨利潤

品牌	營業收入（億元）	同比增幅（%）	淨利潤（億元）	同比增幅（%）	毛利率增減（%）
伊利	300.87	0.23	32.11	20.63	4.83
蒙牛	272.57	6.60	10.77	—	-19.50

液態奶、奶粉和冷飲仍是伊利和蒙牛的主要產品。如表 3-8 所示，在液態奶的銷量上，蒙牛更勝一籌；在奶粉的銷量上，二者都是負增長，但伊利奶粉的銷量較大；在冷飲的銷量上，蒙牛與伊利差距較大，但實現了正增長。蒙牛與伊利的差距主要體現在奶粉、冷飲上，直到 2006 年蒙牛才開始與丹麥的阿拉福茲公司合作投資，準備進入該領域，而此時伊利奶粉銷售收入已突破 20 億元，后來蒙牛不斷追趕，但差距仍然顯著。伊利、蒙牛主要產品比較情況如表 3-8 所示。

表 3-8　　　　　伊利、蒙牛主要產品比較

產品類型	2016 年上半年	伊利	蒙牛
1	液態奶（億元）	234.95	237.62
	同比增長（%）	4.78	8.30

表3-8(續)

產品類型	2016年上半年	伊利	蒙牛
2	奶粉（億元）	25.34	16.6
	同比增長（%）	-24.05	-6.92
3	冷飲（億元）	29.31	17.03
	同比增長（%）	-1.98	3.59

報告期內，伊利零售額占乳製品整體市場的20.1%，位居第一。其中，常溫液態奶零售額市場份額為30.9%，位居細分市場第一；低溫液態奶零售額市場份額為16.7%，比2015年同期增加了近1.1個百分點；嬰兒奶粉產品全渠道零售額市場份額為4.9%，位居國內品牌第一名；其冷飲產品銷售額蟬聯全國第一。蒙牛則在液態奶整體市場及低溫奶市場上占據份額第一。伊利、蒙牛細分領域市場比較情況如表3-9所示。

表3-9　　伊利、蒙牛細分領域市場比較

	伊利	蒙牛
液態奶		市場佔有率第一
——常溫奶	市場佔有率第一	
——低溫奶	16.7%	市場佔有率第一
嬰幼兒配方奶粉	4.9%，國產品牌中市場佔有率第一	
冷飲	市場佔有率第一	

從AC尼爾森調查數據來看，兩家公司的明星產品的表現均較好：蒙牛的特侖蘇仍然領跑高端白奶類產品，伊利的金典有機奶市場也有良好增速，同比增長了10.4個百分點；伊利、蒙牛的常溫酸奶高速增長，逐步搶奪光明莫斯利安的市場份額。伊利、蒙牛明星產品比較如表3-10所示。

表 3-10　　　　　　　伊利、蒙牛明星產品比較

	伊利	蒙牛
高端白奶	金典同比增長 10.4%	特侖蘇繼續領跑
常溫酸奶	安慕希同比增長 131.4%	純甄高速增長
低溫酸奶	暢輕同比增長 21.7%	冠益乳持續高速增長
嬰幼兒配方奶粉	份額 4.9%，國產品牌市場佔有率第一	
冷飲	市場佔有率第一	

國內排名居第三位的乳業企業光明乳業表現欠佳，在 2015 年首次出現營業收入與淨利潤雙下滑：營業收入為 193.7 億元，同比下滑 6.18%；歸屬於母公司的淨利潤為 4.18 億元，同比下滑約 26.6%。對比三家公司 2016 年上半年的營業收入數據，光明情況仍未好轉；伊利實現營業收入約為 299 億元，利潤總額達到 38 億元；蒙牛的營業收入為 273 億元，淨利潤為 10.7 億元；光明的營業收入僅為 102 億元，實現淨利潤僅為 3.2 億元。在這 102 億元的總營業收入中，液態奶作為最大產品品類，營業收入為 74 億元，占比 72.5%；而蒙牛液態奶營業收入占比 87.2%，為 237.6 億元；伊利液態奶營業收入為 234.9 億元，占比 78.5%。只有光明的液態奶營業收入出現下滑，同比下降 1.72%；伊利則上漲了 4.78%。伊利、蒙牛、光明 2016 年上半年營業收入與淨利潤比較情況如圖 3-29 所示。

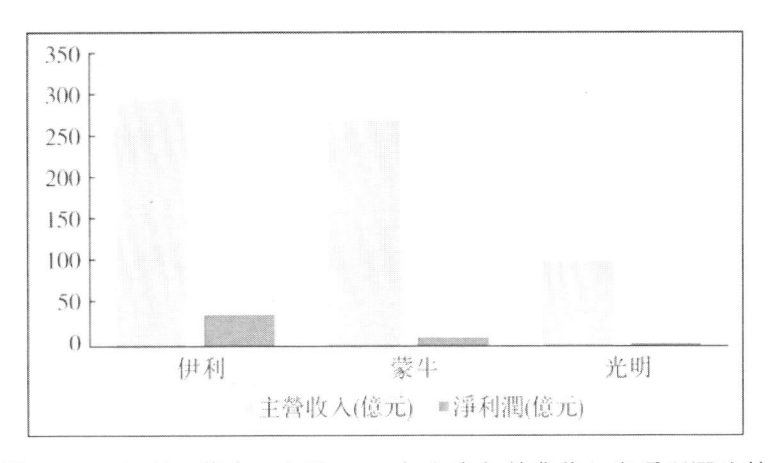

図 3-29　伊利、蒙牛、光明 2016 年上半年營業收入與淨利潤比較

3.8.3.2 乳業上游企業財務情況

近兩年來，國內外原奶價格均處於歷史低位，導致行業利潤不斷向產業鏈下游移動，下游毛利率持續走高，上游原奶企業業績則出現了大幅下滑。從表 3-11 中可以瞭解中國部分乳製品品牌在上游、中遊、下游的資本佈局，早期乳製品行業兩大巨頭伊利、蒙牛並不具有自營牧場，主要通過關聯企業及訂單方式從上游原料奶供應商處購買原奶。近幾年伊利逐步收購、持股並自建牧場，蒙牛也跟隨這一步伐，不過二者自建自營的牧場所占比例較低，在 2016 年上半年國際原料奶價格下行的情況下兩家企業還可以通過壓低上游原奶價格而轉嫁行業不景氣帶來的收益風險。

表 3-11　　　　　　部分乳製品企業產業鏈情況

	飼料種植	奶牛養殖及原料奶供應	乳製品市場
聖牧	√	√	√
輝山乳業	√	√	√
光明		√	√
現代牧業		√	√

表3-11(續)

	飼料種植	奶牛養殖及原料奶供應	乳製品市場
新希望		√	√
衛崗		√	√
原生態		√	√
伊利集團		√	√
蒙牛集團			√
三元			√
完達山			√

2016年上半年，大股東為蒙牛的國內規模最大奶牛養殖集團現代牧業年中業績報告虧損5.66億元，這也是該公司有史以來首現虧損；同為大型牧場的西部牧業2016年上半年也報虧2,666萬元，淨利潤同比縮減248%；而液態奶占比較原奶高的聖牧、輝山乳業的財務表現則稍好。

於2015年12月2日登陸香港交易所的中地乳業，上市第一年業績雙降。該公司年報顯示，2015年實現歸屬於公司股東的淨利潤為9,813.9萬元，比2014年減少了5,020萬元；實現營業收入4.8億元，同比減少了2.4億元。

另外，原生態牧業作為國內一家乳牛畜牧公司，2015年淨利潤減少84%至6,617萬元，實現的營業收入比2014年同期減少11.19%至10.33億元，毛利減少71.6%至3.8億元，毛利率減少8.9%至36.8%。

中地乳業、現代牧業和原生態牧業三家乳業企業2015年營業收入、淨利潤均同比下降，它們在乳業板塊中有一個共同的特點，即主要以原奶生產為主。

對於收入下降的原因，現代牧業表示主要是原料奶銷售下降所致。根據中國乳原料價格走勢，2016年6月29日，國內生

鮮乳均價為每千克3.4元，環比下降0.3%，同比下降0.3%。2016年6月，牧場經營者生鮮乳銷售均價：現代牧業為每千克3.89元，環比下降0.3%，同比下降12%；中國聖牧非有機原奶為每千克3.89元，環比下降0.3%，同比下降9.8%；聖牧有機原奶為每千克4.99元，環比下降0.2%，同比下降4.5%。2016年7月5日，恒天然全部產品拍賣均價為每噸2,345美元（1美元約等於6.88元人民幣），環比下降0.4%，同比上升3.0%（拍賣量為32,500噸，環比上升31.7%，同比下降3.3%）。

在2016年6月舉辦的第七屆中國奶業大會上，中國奶業協會會長高鴻賓就已發出預警，目前國內奶業發展是近年來最困難的一個階段，2016年3月，奶牛養殖虧損面已經達到51%，並有擴大之勢。相比於2015年，大規模牧場的鮮奶價格下降了5%～10%，2016年情況還會更嚴峻。結果將會是又一批的奶牛散戶、養殖小區以及現代化牧場受到影響。

《中國奶業年鑒2014》數據顯示，2013年中國散養奶牛成本利潤率為44.35%，小規模奶牛養殖戶成本利潤率為38%，大規模奶牛養殖平均成本利潤率為25.04%。成本最高的散戶受到的衝擊將會更大。不過，從2008年以後，國內散戶養殖淘汰加快，2013年大批散戶退出市場。目前，國內散戶養殖比重不超過10%，前兩年出現的「殺牛倒奶」的散戶大多數是規模在幾百頭到上千頭左右的中小規模養殖主體，這些經營主體占目前中國奶牛養殖的70%。

由於養殖與加工環節沒有形成穩固合作共贏關係，加上養殖主要以小規模及散養為主，市場議價能力弱，因此雙方此消彼長的利益博弈矛盾一直存在。2008年「三聚氰胺事件」後，國內散養基本已經退出市場，小規模養殖近些年隨著比較收益下滑也陸續退出市場，而大規模養殖增長速度慢於小規模養殖退出速度，造成2013年的「奶荒」。

當前乳業上游畜牧及養殖環節業績受挫雖主要是由於原料

奶價格歷史低位所致，但也與其成本較高有關。目前，無論大規模養殖還是中小規模養殖，由於苜蓿等高蛋白飼料缺乏、牧場養殖管理不足、中小規模養殖品種改良不夠、防疫費用高漲等一系列因素造成其系統性成本提高。另外，對於占主體的中小規模養殖，仍然獨自承擔養殖風險和市場風險，因為潛在成本高，比較收益低，所以養殖積極性不高。

最近幾年，乳業上游從過去小農奶業向現代化奶業發展過程中，由於牧草、防疫、配種等系統性的產業發展體系沒有建立起來，從而造成成本高漲，再加上這些年乳業企業在規模化方向上走過不少彎路，無疑進一步加劇矛盾產生。

3.8.3.3 國內奶粉品牌財務情況

國內奶粉上市公司公布的2016年上半年財報顯示，乳業企業整體業績出現下滑。其中，貝因美陷入巨虧，銷售收入同比下降23.23%，歸屬於上市公司股東淨利潤虧損2.14億元，同比下降108.07%；雅士利銷售收入下降21.7%，毛利下降19.6%；伊利奶粉及奶製品銷售收入同比下降24.05%；合生元銷售收入下降14%；聖元、飛鶴整體業績較2015年同期也有所下滑。

2016年，奶粉行業不景氣的原因主要有以下四點：一是傳統貿易進口及跨境購買對國內市場衝擊較大。據統計測算，2015年通過海淘、代購以及跨境等方式進入中國的嬰幼兒配方奶粉約為10萬噸，通過傳統貿易方式進入中國的嬰幼兒配方奶粉為17.6萬噸，同比增長45%。2016年上半年通過跨境方式進入中國的嬰幼兒配方奶粉有5.7萬噸左右，通過傳統貿易方式進入中國的嬰幼兒配方奶粉約9.45萬噸。二是奶粉價格戰導致企業市場流貨較多，價格混亂，影響渠道銷售積極性。三是「奶粉新政」實施前夕，企業奶粉品牌存留不確定性造成渠道選擇謹慎、進貨量小、進貨時間短。四是2015年出生率下降、母

乳喂養率提高以及負面新聞給企業造成不利影響。

2013年是中國奶粉市場國家整頓政策最嚴格、最集中的一年，而嬰幼兒奶粉市場則是此次整頓的重點，整個嬰幼兒奶粉市場在2013—2014年中進行了一次大的洗牌。奶粉政策對行業內各企業將具有不同影響，應分別進行跟蹤觀察。

3.9 發展趨勢

3.9.1 產品結構發生變化

3.9.1.1 低端常溫奶產製品的形勢不容樂觀，高端奶及低溫奶市場增速較快

低端常溫奶增速放緩的主要原因有兩方面：一方面是國外進口的衝擊。2008—2015年，中國乳製品進口產品市場佔有率從6.8%上升到22.1%，新增消費的80%被進口產品所占。另一方面是乳製品消費趨緩。

低溫奶需要冷藏保存，具有保質期較短、營養價值較高的特點，由於中國消費者健康理念與收入水平的提高，近年來低溫奶越來越受到人們的青睞。2015年，低溫奶增速甚至高於常溫奶。2015年，從整個行業的發展來看，在增長率和利潤率方面，低溫奶已經超過了常溫奶。2015年整個液態奶的增長速度是5%，其中常溫奶的增速只有2.7%左右，而低溫奶特別是低溫酸奶的增長達到了10.5%，乳酸菌飲料的增長也超過了7%。總體來看，低溫奶的增長速度要高於常溫奶。公開資料顯示，目前中國經營低溫奶產品的企業數量已經超過了400家，並且區域龍頭乳業企業的低溫奶增速甚至達到了20%左右，對常溫奶的替代優勢越來越明顯。

3.9.1.2 奶粉行業格局變化大

隨著最新的《中華人民共和國食品安全法》於 2015 年 10 月 1 日起正式實施以及《嬰幼兒配方乳粉產品配方註冊管理辦法（試行）》徵求意見稿的發布，被稱為「史上最嚴」的嬰兒配方奶粉新政將使大部分品牌從市場上消失。2016 年 6 月，國家食品藥品監督管理總局（以下簡稱食藥監總局）要求，奶粉配方備案制將改為註冊制，一個產品配方只能生產一種產品，每個企業不得超過 5 個系列 15 種產品配方。新政將對整個行業產生極大的影響，幾乎所有的大企業都將受到新政的影響。

據不完全統計，目前全國有約 2,000 個奶粉配方，平均每個企業超過 20 個，一個配方對應多個產品的做法普遍存在。業內人士認為，由此帶來的是消費者對奶粉選擇的迷茫，同時也給職能部門帶來監管上的難題。2014 年，食藥監總局公布首批獲得新的嬰幼兒配方乳粉生產許可證的生產企業名單，共有 82 家生產企業；2014 年 11 月以及 2015 年 8 月底，食藥監總局又公布了兩批總共 20 家獲證企業名單。目前，國內獲得嬰幼兒乳粉生產許可證的生產企業達到 102 家。按照現有 102 家獲得嬰幼兒乳粉生產許可證的生產企業來計算，共有 510 個系列配方，所對應的品牌不會超過這個數據，減去一些外資品牌，那麼將有 1,400 多個品牌被淘汰出局。在這種情況下，多品牌策略將被卡死；同時，代工品牌也將被擠出市場，至少有 1,400 多個品牌被淘汰出局。其中，影響比較大的是獲得嬰幼兒許可證比較少的企業，如蒙牛、完達山、聖元、三元等。

3.9.2 乳業產業鏈整合加強

2014 年以來，受進口奶粉數量大量增加和價格下降、國內市場受到衝擊、乳製品終端銷售價格上漲使消費能力降低、乳業企業庫存積壓等因素的影響，生鮮乳收購價格一路下行。一

些規模牧場生鮮乳價格下降達到11%，仍有下降趨勢。2015年，山東、河北和黑龍江等部分地區再次出現鮮奶拒收和「倒奶」現象。與2008年所不同的是，目前「倒奶」主體是占整體70%左右的中小規模養殖戶，散戶比例已經很低，不超過5%。出現突如其來的「倒奶」現象，直接原因是部分加工企業減少，甚至拒收原奶；但主要原因是國內原奶市場已經與國際實現直接聯動，國際原奶及奶粉低價形成的衝擊。

近年國內原奶價格高漲，並高於國際均價，主要是由飼料、人工成本上漲帶來的。但其形成的根本原因有三：一是家庭牧場、專業合作社等產業組織模式發展滯后，養殖積極性嚴重受挫，奶源供應不穩定。二是轉型發展帶來的產業鏈系統性成本高，主要表現為配套的飼料、防疫、擠奶、配種、運輸等沒有形成很好的規模，佈局結構不合理，防疫體系分散不統一，沒有與養殖同步發展。三是規模化發展方向偏差。萬頭以上的大規模養殖，由於飼料供應半徑過大，集中飼養帶來防疫、糞污處理等問題，形成典型的高投入、高產出，從而大規模牧場高奶價成為國內原奶價格整體上漲的原因之一。

在新西蘭、澳大利亞、荷蘭等國，奶農、奶站和乳製品加工企業3個環節關係極為緊密，高度規模化和組織化的奶牛養殖戶，通過組建和入股乳業協會或合作社，進而通過乳業協會或合作社入股乳製品加工企業的方式，與乳製品加工企業之間形成緊密的生產和利益關係。國內乳業企業在整合產業鏈方面則是走了另外一條路，多是進行全產業鏈佈局，加強自有牧場建設。這既強化了乳業企業的原料質量問題，又平衡了養殖風險問題，對外協式的養殖小區依賴度已大幅降低。同時，近年來國內乳業企業紛紛在海外建設牧場，擴大自有奶源比例。數據顯示，伊利自建牧場比例已達80%~90%，自有奶牛規模約8萬~10萬頭；蒙牛已提出未來將投資30億~35億元自建牧場；光明與皇氏乳業自建牧場規模均已超過20%；河南最大的乳業

企業花花牛目前自有牧場也已達 11 個。

3.9.3 乳業整體發展趨勢

3.9.3.1 需求潛力判斷需謹慎

相比歐美國家，目前中國人均牛奶消費量較低，聯合國糧食及農業組織（FAO）數據顯示，世界人均生鮮乳消費量為每年 105 千克，中國僅為每年 36 千克，差距顯著。這表明中國乳製品市場有較大的需求前景。與此同時，農村居民人均乳製品消費量雖有所增長，但增速十分緩慢，目前人均消費只有每年 6 千克。乳製品占居民食品消費支出的比重也在逐年下降。

但這並不意味著中國人均消費量可以接近歐美水平，一是亞洲人飲食習慣不同，二是應參考日韓國家情況。1985 年至今，日本液態奶人均消費量經歷了兩個階段：第一階段是 1985—1994 年，液態奶人均消費量處於遞增趨勢，由每人 48.6 升上升至每人 58.3 升；第二階段為 1994 年以後，液奶消費開始下跌，截至 2010 年年底，液態奶人均消費已基本跌回 25 年前狀態。

韓國的情況也不樂觀，韓聯社 2015 年 12 月報導，自韓國政府於 2013 年發布乳業振興政策以來，牛奶庫存量卻一直處於上升趨勢；2015 年 9 月，韓國牛奶庫存量同比增加 40%。民眾對牛奶的消費熱情不斷降溫，消費量不斷減少。韓國家庭平均每月花費約 10 美元購買鮮奶，相比 2012 年下降 16%。同時，韓國家庭平均每月消費牛奶量為 4.9 千克，相比 2012 年下降了 15%。

美國亦是如此。2012，美國年農業部數據顯示，自 1975 年以來，美國人均牛奶消費量已下降近 30%。《華爾街日報》認為在維生素和能量飲料時代，瓶裝飲料更受歡迎，牛奶銷量的降幅越來越大。部分消費者擔心牛奶卡路裡含量過高。

3.9.3.2 國際乳業形勢不樂觀

由於宏觀經濟復甦緩慢，乳業需求疲弱，國際乳業巨頭2015年的營業收入不是很樂觀。荷蘭合作銀行分析師認為，世界乳業處於下行週期，衰退可能會延續到2017年，未來的乳業市場將由新興市場主導。報告顯示，2016年，大部分進口地區的乳品需求有所反彈，全球乳品交易量整體上升近6%，主要增長來自中國市場。

3.9.3.3 進口奶持續形成衝擊

近年來，中國大包粉、成品液態奶、嬰幼兒配方乳粉等進口量逐步加大，由2008年的38.7萬噸增至2015年的178.7萬噸，年均增速為24.43%，2009年同比增長率高達67.96%，至2014年增速開始下滑，並且在2015年增速為負，為-7.62%。不過其液態奶進口量增速仍維持在高位，2015年增長率達42.81%。報告數據顯示，2015年，中國進口數量最大的4類乳製品分別為大包粉、成品液態奶、乳清粉和嬰幼兒配方乳粉，占比分別為30.6%、25.7%、24.4%和9.9%。其中，嬰幼兒配方乳粉通過海外代購等方式進入中國市場，占比高於進口統計數據。

4　行業研究注意事項

4.1　行業研究注意問題

4.1.1　明確研究報告使用對象

在進行行業研究時，必須先明確研究目的、使用對象，並在此基礎上擬定研究思路、計劃，收集信息，搭建框架。例如，諮詢報告面對企業內部，提供管理解決方案；而券商報告面向投資者，提供投資建議。

二者主要區別在於：諮詢報告的重點在於「如果我們想贏，該怎麼辦」，是為了向諮詢者提出合理建議。券商報告的重點在於「誰能贏」，是為了向投資人推薦合適標的。

在面向通信服務行業進行研究時，諮詢報告應提出建議：該公司在即時通信、互動娛樂領域已取得巨大成功，但在電子商務領域表現較為一般。綜合考慮自建的市場競爭格局，我們認為該公司應採用收購的方式進入電子商務領域。而券商報告則強調該公司的未來投資價值：該公司以即時通信業務起家，依靠海量用戶優勢，成功打造了互動娛樂產業鏈。但考慮到即時通信業務與電子商務業務的協同性較差，從全球來看也沒有成功案例，因此我們判斷該公司電子商務領域難以成為下一個支柱性業務。

4.1.2 具備全球化研究視野

伴隨著全球化的浪潮,很多行業都越來反應出全球化的主題,尤其是石油、金融和食品等行業。對於全球化營運的行業,分析師必須把目光延伸至國外,關注目標公司在海外的營運狀況,關心國際潮流的變化對本行業的影響。

4.1.3 持續跟蹤與更新

當行業建模完成后,持續的跟蹤監測是必不可少的,定期保持數據更新,對所有研究資料歸檔整理,以便在行業發生變化時能夠先於所有人預判趨勢,提前鎖定投資標的,用數據驅動策略。這就是在一級市場做行業研究的價值。

4.1.4 遵循撰寫規範

4.1.4.1 圖表數據

客觀數據具有比較強的說服力,應盡可能用定量的方法說明問題,並將相關數據進行圖表化,有助於更清晰地進行對比分析,掌握行業運行規律。

4.1.4.2 內容詳實

行業研究報告應力求將能夠收集到的資料都以適當的方式表現出來,頁面佈局緊湊,合理運用圖表線條,保證內容充實而不散亂。

4.1.4.3 語言簡練

行業研究報告通過對行業現狀的研究分析,總結歸納行業規律,應在對相關資料進行深入加工的基礎上,用高度概括性的、簡明扼要的語言進行準確的表述。

4.2 閱讀研究報告,提升分析能力

　　各大證券研究所推出的研究報告數量眾多，也容易收集到，總體可以歸納為宏觀、行業（中觀）、企業（微觀）三種類別。宏觀報告主要是隨著經濟運行情況發布的，一般都是對政策公布之后的解讀，如各國定期發布的經濟數據、財政政策、貨幣政策等；公司報告的推出時間不定，主要受到各個研究員何時去調研、上市公司所屬的行業特徵以及公司出現重大事項等因素的影響；行業報告的推出時間相對集中，多數在月末、季末和年末發布，國外也有根據經濟運行週期性來分類推出的（復甦、過熱、滯漲、衰退）。

　　券商推出的研究報告不僅是資料收集的來源，也是提升行業研究能力的重要方式。閱讀其研究報告，主要是觀察他們採用的分析工具以及邏輯思維方式。在研讀券商研究報告時不能只看一家觀點，需要集多家之所長，不同券商的研究報告或多或少都會有自身的特色。

　　國內外的券商都有級別。例如，瑞銀、摩根士坦利等海外的投資銀行以及包括中金、中信、國泰君安、申銀萬國、國金、長江、招商等在內的國內目前口碑較好的券商行，報告的綜合實力都比較高。中金公司的研究報告在業內是首屈一指的，該公司最大的特點在於擁有強大的政府背景，其分析報告優勢主要是對宏觀政策的分析和對大盤股行業龍頭的分析。

　　相對中金公司的政府背景和宏觀分析，招商證券的特色在於市場分析，是堅定的「市場派」。在牛市中，招商證券也是被給予強烈推薦且評級最多的證券公司。

　　國泰君安是老牌的券商，和其他券商不一樣，其研究報告

較穩健，對很多公司給予的評級沒有招商證券激進。其特點主要是對新股的研究有自己獨特的定價模式。其行業研究報告和投資策略報告都不錯。

　　申銀萬國的研究報告多產且優質，投資策略特別是月度投資策略值得重視，市場部的報告也值得一看。

參考文獻

[1] 泰勒爾. 產業組織：現代理論與實踐 [M]. 張維迎, 譯. 北京：中國人民大學出版社, 1998.

[2] 多納德·海德里, 克·莫瑞斯. 產業經濟學與組織 [M]. 王立平, 譯. 北京：經濟科學出版社, 2001.

[3] 蘇東水. 產業經濟學 [M]. 北京：高等教育出版社, 2002.

[4] 臧旭恒, 徐向藝, 楊蕙馨. 產業經濟學 [M]. 北京：經濟科學出版社, 2002.

[5] 劉志彪. 現代產業經濟學 [M]. 北京：高等教育出版社, 2003.

[6] 鄔義鈞, 胡立君. 產業經濟學 [M]. 北京：中國財政經濟出版社, 2002.

[7] 楊公樸, 夏大慰. 產業經濟學教程 [M]. 上海：上海財經大學出版社, 2002.

[8] 斯蒂芬·馬丁. 高級產業經濟學 [M]. 史東輝, 等, 譯. 上海：上海財經大學出版社, 2003.

[9] 讓-雅克·拉豐, 大衛·馬赫蒂摩. 激勵理論：委託-代理模型 [M]. 北京：中國人民大學出版社, 2002.

[10] 錢德勒. 企業規模經濟與範圍經濟：工業資本主義的原動力 [M]. 張逸人, 譯. 北京：中國社會科學出版社, 1999.

[11] 孫天琦. 產業組織結構優化論 [M]. 北京：經濟科學出版社, 2001.

[12] 潘卡基·格瑪沃特. 產業競爭博弈 [M]. 胡漢輝,

等，譯. 北京：人民郵電出版社，2002.

［13］波特. 國家競爭優勢［M］. 李明軒，邱媛，譯. 北京：中信出版社，2012.

［14］加里·阿姆斯特朗. 科特勒市場營銷教程［M］. 俞利軍，譯. 北京：華夏出版社，2004.

［15］菲利普·科特勒. 市場營銷管理［M］. 梅汝和，等，譯. 北京：中國人民大學出版社，2003.

［16］李曉鐘，張小蒂. 中國汽車產業市場結構與市場績效研究［J］. 中國工業經濟，2011（3）：129-138.

［17］吳麗霞，趙現紅. 基於SCP框架的中國旅遊企業集團化研究［J］. 旅遊科學，2004（3）：35-39.

［18］陸奇斌，趙平，王高，等. 中國市場結構和市場績效關係實證研究［J］. 中國工業經濟，2004，10（2）：8-35.

［19］李世英. 市場進入壁壘與產業的市場績效研究——對中國製造業的實證分析［J］. 經濟體制改革，2005（4）：121-124.

［20］田志龍，賀遠瓊，衣光喜，等. 寡頭壟斷行業的價格行為——對中國鋼鐵行業的案例研究［J］. 管理世界，2005（4）：65-74.

［21］閔宗陶，楊秀雲，劉斌. 民航企業價格行為歷史演進的產業組織分析［J］. 山西財經大學學報，2003（3）：57-61.

［22］楊朝軍，郭鵬飛，焦濤. 中國上市公司行業分類標準的理論與實證研究［J］. 科學學與科學技術管理，2004（1）：125-128.

［23］方寬. 中國國民經濟行業分類標準的沿革及與國際標準的比較［J］. 統計研究，2002（7）：27-31.

［24］苟海平，季茂力，信墨慶. 行業分析方法初步研究［J］. 糧食科技與經濟，2001（6）：20-21.

［25］李衛寧，藍海林. 行業分析的新模型及其應用［J］. 企業經濟，2002（11）：115-116.

[26] 易永珍, 苟松. 行業分析及同業比較在財務分析中的運用 [J]. 西南民族大學學報(人文社科版), 2004 (5): 94-96.

[27] 胡曉妹. 行業分析在證券投資管理中的應用研究 [J]. 黑龍江對外經貿, 2007 (5): 94-96.

[28] 王笑梅. 行業分析——深化公司投資價值分析的前提和基礎 [J]. 現代企業, 2007 (5): 29-30.

[29] 彭啓超, 陳君寧. 上市公司行業分析指標體系構建及分析 [J]. 中國地質大學學報（社會科學版）, 2003 (3): 36-39.

[30] 王宇熹, 洪劍峭, 肖峻. 頂級券商的明星分析師薦股評級更有價值麼——基於券商聲譽、分析師聲譽的實證研究 [J]. 管理工程學報, 2012 (3): 197-206.

[31] 羅榮桂, 沈軍. 企業間的商戰模型分析 [J]. 武漢理工大學學報, 2006 (12): 130-132.

[32] 鄭方鑣, 吳超鵬. 證券分析師報告市場反應研究綜述 [J]. 外國經濟與管理, 2006 (12): 40-47.

[33] 郭永新, 王高, 齊二石. 品牌、價格和促銷對市場份額影響的模型研究 [J]. 管理科學學報, 2007 (2): 59-65.

[34] 王新利. 基於價值鏈的企業價值評估 [M]. 北京: 知識產權出版社, 2013.

[35] 池仁勇, 朱帆. 企業議價能力的影響因素分析: 浙江產品實證 [J]. 浙江工業大學學報（社會科學版）, 2012 (1): 1-5.

[36] 楊文培. 企業獲取成本競爭優勢的價值鏈分析法 [J]. 中國管理科學, 1999 (2): 37-44.

[37] 肖海林. 企業生命週期理論辨析 [J]. 學術論壇, 2003 (1): 65-67.

[38] 鐘敏. 併購活動中目標企業價值評估方法研究 [D]. 成都: 西南交通大學, 2003.

[39] 於良春, 張偉. 中國行業性行政壟斷的強度與效率損

失研究［J］. 經濟研究, 2010（3）：16-39.

［40］楊德鋒, 王新新. 價格促銷對品牌資產的影響：競爭反應的調節作用［J］. 南開管理評論, 2008（3）：31-38.

［41］金碚. 論企業競爭力的性質［J］. 中國工業經濟, 2001（10）：26-30.

［42］孫維. 基於五力模型的汽車產業競爭結構分析［J］. 汽車工業研究, 2012（8）：28-34.

［43］姜一博, 龍子午, 石喜愛. 香港咖啡市場分析［J］. 武漢輕工大學學報, 2014（3）：108-111.

［44］王嘉慧. 菸草行業的五力模型分析［J］. 當代經濟, 2007（6）：114-115.

［45］王高. 顧客價值與企業競爭優勢——以手機行業為例［J］. 管理世界, 2004（10）：97-113.

［46］李傳志, 李發宗, 王浩. 影響中國家用轎車需求的因素分析［J］. 商場現代化, 2007（15）：47-48.

［47］田林, 徐以汎. 基於顧客行為的企業動態渠道選擇與定價策略［J］. 管理科學學報, 2015（8）：39-51.

［48］唐建民. 家電行業廠商議價能力與分銷渠道研究［J］. 商業研究, 2006（11）：63-66.

［49］易偉義. 長株潭製造業部門競爭力量化分析［J］. 工業技術經濟, 2003（5）：118-120.

［50］張方麗. 中國乳品行業貿易分析及對策［J］. 中國乳品工業, 2015（3）：50-64.

［51］周佳蘋. 關於完善乳製品企業的績效管理探討［J］. 財會研究, 2015（1）：50-52.

［52］張淑萍. 多品牌危機事件對乳品行業信任的影響研究［D］. 北京：中國農業大學, 2014.

［53］何怡. 乳製品行業競爭狀況分析及預測［J］. 中國市場, 2015（25）：162-163.

［54］邢朝宏. 中國嬰幼兒配方乳粉行業質量調研報告［J］. 質量與標準化, 2015（11）: 40-43.

［55］郝曉燕, 劉婷. 中國乳業市場結構與政府規制研究［J］. 中國畜牧雜誌, 2016（20）: 12-18.

［56］本刊輯. 貝因美、天潤乳業、三元食品、上陵牧業、澳優乳業等發布2016年半年報, 現代牧業發布盈利警告［J］. 中國乳業, 2016（8）: 72.

［57］牛海軍, 馮啓. 淺談乳業的現代化牧場管理［J］. 乳品與人類, 2016（4）: 4-13.

［58］白文懷, 劉德明. 制度規制下乳業供應鏈前端養殖模式演變與創新［J］. 黑龍江畜牧獸醫, 2016（18）: 24-26.

［59］李尚蒲, 黃尹婷. 農業企業海外投資對企業績效的影響——以光明乳業為例［J］. 新疆農墾經濟, 2016（9）: 78-83.

［60］夏芳. 蒙牛乳業中秋換帥　孫伊萍卸任盧敏放上位公司回應: 達能增減持蒙牛股份須中糧同意［N］. 證券日報, 2016-09-19（C02）.

［61］葉碧華, 徐穎. 國產乳業連續遭受重創　巴氏鮮奶或成破局關鍵［N］. 21世紀經濟報導, 2016-09-07（17）.

［62］ARMSTRONG M. Network Interconnection in Telecommunications［J］. Economic Journal, 1998, 108: 545-564.

［63］CREADY W, D HURTT. Assessing Investor Response to Information Events Using Return and Volume Metrics［J］. The Accounting Review, 2002, 77（4）: 891-909.

［64］COOPER L G, NAKANISHI M. Market Share Analysis: Evaluating Competitive Marketing Effectiveness［M］. Norwell, Mass: Kluwer Academic Publisher, 1988.

［65］DEVON DELVECCHIO, et al. The Effect of Sales Promotion on Post-promotion Brand Preference: A Meta-Analysis［J］. Journal of Retailing, 2006, 82（3）: 203-213.